| 幼稚園 幼児指導要録 | 保育所 児童保育要録 | 幼保連携型 認定こども園 園児指導要録 |

平成30年度実施 ここが変わった！
指導要録・保育要録
早わかりガイド

無藤 隆 監修／**大方美香** 編著

文部科学省 幼児理解に基づいた評価に関する検討会 委員
厚生労働省 保育所児童保育要録の見直し検討会

チャイルド本社

はじめに

　平成30年3月末に、幼稚園幼児指導要録、保育所児童保育要録、幼保連携型認定こども園園児指導要録の新しい様式が発表になりました。この新しい3つの要録は、教育要領・保育指針などの、いわゆる3法令の改訂（定）を受けて作成されたもので、そこに流れる「考え方」は同一のものです。

　3法令の改訂（定）の要点は、大きくまとめると次の3つになります。
　　（1）幼、保、こども園を、同じ幼児教育を担う施設として同等のものとすること
　　（2）乳幼児教育から高校教育まで、育ちの連続性を保障すること
　　（3）「資質・能力」という考え方や、保幼小を繋ぐ共通の指標として「幼児期の終わりまでに育ってほしい姿」（10の姿）を導入したこと

　それを受けて作られた新しい要録は、次の2つが主要な変更点といえます。
　　（1）幼、保、こども園で異なっていた様式をできるだけ共通化したこと
　　（2）「最終学年の指導に関する記録」が新設され、そこに「幼児期の終わりまでに育ってほしい姿」（10の姿）が組み入れられたこと

　このたびの新しい要録は、こうした教育界の大きな流れの中で、3つの様式が共通の方向性をもって改訂されたことに重要な意義があります。本書は、そうした大きな流れを捉え、その意味するものを理解し、その上で旧版と比べてどこが変わったのかを端的に把握することを目的とした構成となっています。

　本書を通じて要録の改訂趣旨を理解していただくことで、よりスムーズな保幼小接続が実現し、ひいては子どもたちの学びと育ちが未来へ向かって繋がっていくことを願ってやみません。

2018年8月

大阪総合保育大学 大学院 教授
文部科学省 幼児理解に基づいた評価に関する検討会 委員　　　大方美香
厚生労働省 保育所児童保育要録の見直し検討会 委員

平成30年度実施 ここが変わった！
指導要録・保育要録 早わかりガイド
Contents

それぞれのマークの付いている項目を中心にお読みください。

はじめに ………… 3

第1章　ここが変わった！ 新要録

要領・指針改訂（定）の理念と新しい要録
●■★ 育ちの連続性をつなぐ新指導要録・保育要録　　無藤 隆 ………… 8

様式に込められた意図
●■★ 新しい要録は、どこが変わったのか？　　大方美香 ………… 12

ここが変わった❶＜幼稚園幼児指導要録＞の場合
●■★ 「最終学年の指導に関する記録」が新設 ………… 14

ここが変わった❷＜保育所児童保育要録＞の場合
●■★ 「入所に関する記録」新設など、幼稚園との共通化が図られた ………… 16

ここが変わった❸＜幼保連携型認定こども園園児指導要録＞の場合
●■★ 最終学年が独立するなど、幼稚園との共通化が図られた ………… 18

「資質・能力」の育ちと「10の姿」の関係性
●■★ 「10の姿」は資質・能力の育ちをバランスよくみる視点　　大方美香 ………… 20

「5領域」と「10の姿」、なぜ2つの視点があるの？
●■★ 「5領域」と「10の姿」の両面を意識して書くことが大切　　大方美香 ………… 22

要録に「10の姿」をどう書けばいいの？
●■★ 「10の姿」を踏まえて最終学年で育った部分を記述　　大方美香 ………… 24

「最終学年の指導に関する記録」の記入例
●■★ 「10の姿」のキーワードを考えながら書こう　　佐々木 晃 ………… 26

第2章 新要録の様式と記入上の注意点

- ●■★ 要録の作成から送付までの流れ　　大方美香　………… 32
- ●■★ 記入上のルール　………… 34
- ●■★ 保管上の注意点　………… 35
- ●■★ 幼稚園幼児指導要録の様式例と記入の仕方　………… 36
- ●■★ 保育所児童保育要録の様式例と記入の仕方　………… 44
- ●■★ 幼保連携型認定こども園園児指導要録の様式例と記入の仕方　………… 50

> 園を管轄する地方自治体や教育委員会等が、記入方法等の決まりを
> 定めている場合は、そのルールにのっとってご記入ください。

第3章 資料編

- ●■★ 幼稚園及び特別支援学校幼稚部における
  指導要録の改善について（通知）　………… 60
- ●■★ 保育所保育指針の適用に際しての留意事項について　………… 67
- ●■★ 幼保連携型認定こども園園児指導要録の改善及び
  認定こども園こども要録の作成等に関する留意事項等について（通知）　………… 73

第1章

ここが変わった！
新要録

平成 30 年度より新しくなった要録の様式。
どこがどう変わったか？
その意図は何か？
「10 の姿」はどう書けばいいのか？ など、
新様式を理解するためのポイントを
見ていきます。

◆ 要領・指針改訂（定）の理念と新しい要録

育ちの連続性をつなぐ
新指導要録・保育要録

無藤 隆（白梅学園大学大学院 特任教授）

要領・指針改訂（定）の
ポイントは3つ

　新しい幼稚園教育要領・保育所保育指針の考え方では、特に次の3つを強調しています。もとより従来からの考え方でもあるのですが、それを明確にするための枠組みをはっきりとさせたのです。

　第一に、乳幼児期を含む保育全体を「幼児教育」とし、さらにそれを幼稚園、保育所、認定こども園の3施設で共通のものとしました。幼稚園と幼保連携型認定こども園は幼児期の学校教育施設、保育所はそれとは異なり保育を目的とした児童福祉施設であるとする法律上の区分は、従来と変わりません。しかし今回、これらの施設の教育機関としての共通性が大きいことを受け、小学校入学前までの教育を行う施設として同等に扱うこととしたのです。

　第二に、育ちの連続性を明確にしました。子どもの育ちとは、幼稚園であれば3歳から、保育所や認定こども園であれば乳児からの発達の連続の上に成り立つものであり、さらに小学校教育へと発展していくものです。子ど

もが個々の活動においてさまざまな経験をすることでそこに「学び」が成り立ち、その「学び」が繋がることにより「育ち」が可能となるのです。さらに、こうした育ちとは常に連続性をもつものです。前の段階の育ちを受けて、子どもの生活と遊びにおける主体的な活動が可能になり、それが環境との出会いを通して学びへとつながって、また次の育ちへと発展していくのです。

　第三に、特に今回の改訂（定）では、「資質・能力」の考え方や「幼児期の終わりまでに育ってほしい姿」（10の姿）といった枠組みが提示されました。「資質・能力」とは、以下のような要素からなります。

　○気付くこと・できるようになること
　○試し、考えること
　○意欲をもって粘り強く取り組むこと

　これらの力を5つの領域において育成していくことで、子どもの活動のなかで具体的な「10の姿」が、幼児期の終わりまでにある程度のところまで発揮されるようになります。これらは、育ちの連続性を前提とする「環境を通した保育」により、子どもの主体性を育成するための枠組みなのです。

第1章 ここが変わった！新要録

幼児教育のあり方を
プロセスの循環として捉える

　幼児教育の目指すところを「環境を通しての保育」に置き、そこで子どもが経験すべき事柄を5つの領域とすることは、従来からの考え方を引き継いでいます。今回の改訂(定)では、さらにそうした経験を通じて子どものなかで育つ力を「資質・能力」と呼び、より長期的な視点で育んでいくものとしたのです。この資質・能力の考え方の特徴は、日々の保育活動において育成の目安となるポイントが、目に見えるものとして想定されていることです。そうしたポイントとなる力が子どものその時々の活動で発揮されているかどうかを保育のなかで見えやすいように概念化したものが、「資質・能力の3つの柱」であるとしています(21ページの図参照)。

　この枠組みは、保育を進め、見直し、改善を図るという評価プロセスにもつながるものです。保育活動とは、子どもが環境に関わり、それを保育者が援助していくことです。保育の上では、特に「資質・能力の3つの柱」に示されている力が発揮されることに注目します。それを踏まえて次の活動を計画するために、子どもの様子を記録し、検討することになります。それが「評価」であり、その資料を作成する際の枠組みとして「幼児期の終わりまでに育ってほしい姿」(10の姿)が提案されています。

　これは子どもの育ちを捉えるための具体的な姿をまとめたものです。実際の子どもの様子に照らし合わせることで、その子がどう学び育っているのかを検討することができます。それを受けて、さらに次の計画を立て、また環境を設定していきます。こういったプロセスの循環をつくることによって、保育の質を上げていくことができるでしょう。

幼児教育と小学校教育の
接続とはどういうものか

　育ち（発達）の連続性が重要視されるようになり、幼児教育と小学校教育の接続は、従来以上に強調されています。特に、「資質・能力」は乳幼児期から小学校、中学校と一貫して育むものと捉えられています。それぞれの時期の特徴がありながらも共通の３つの柱を中核として、前の時期を引き継いで発展していきます。５つの領域は小学校以上では教科等へと接続するわけですが、幼児期の領域における学びの芽生えを受けて、それを体系的な教育へといかしていく道筋となるのです。

　具体的には、学校教育へ移行する際に「幼児期の終わりまでに育ってほしい姿」（10の姿）を保育者と小学校教師の間で共有し、それぞれの子どもの幼児期の育ちを踏まえて小学校入学時の教育、そして低学年教育を行うことにより、スムーズな接続が可能になるでしょう。これにより幼児期に育成された「資

質・能力」をいかし、小学校教育でさらに伸ばしていくことが可能になるのです。

　これを実現するために、小学校の入学時には「スタートカリキュラム」を実施することが義務づけられました。そこでは、個別に幼児期の育ちを踏まえた環境設定をし、まずはこれまでに育てた力を発揮できる活動を行います。この活動以降、徐々に小学校流の学級活動、授業での指導、そして教科等に分かれた時間割による学習へと進んでいきます。

「10の姿」で
可視化して伝えていく

　子どもたちはさまざまな幼稚園や保育所からやってきて、小学校に入学します。幼児教育と小学校教育のやり方はさまざまな点で異なるうえに、幼児教育の具体的なやり方も施設によってかなり多様でもあります。環境の変化に伴う調整はやはりそう簡単ではなく、子どもは多くのことに戸惑うことになるでしょう。自分がなにをしたいかより、小学校ではどうふるまえばよいのかを気にするあま

第1章 ここが変わった！新要録

り、よく理解し、考え、粘り強く取り組むことに消極的になることもあるかもしれません。それではそもそも小学校教育の目的が達成できなくなってしまいます。小学校教育を、幼児期に育んできた「資質・能力」をいかしながら学ぶ場としていく必要があるでしょう。

そのため幼児教育側には、小学校教育のやり方を理解し、幼児教育の本来のあり方を進めながら、そこでの成果である「資質・能力」のあり方や「幼児期の終わりまでに育ってほしい姿」を可視化して伝えていく必要があります。小学校側はそれを小学校の教育にいかすために、幼児教育のあり方をよく把握し、その成果を引き継いで小学校教育へと緩やかにつなぐための工夫をすべきなのです。

要録は幼児教育と学校教育をつなぐ役割を果たす

幼稚園の「幼稚園幼児指導要録」には大きく2つの目的があります。1つは幼稚園教育課程の履修を証明することです。もう1つは進級時、さらに就学時に指導の連続性を保つため、保育者と小学校教師の間で情報を共有することです。保育所では教育課程は行われていないので、「保育所児童保育要録」の目的は小学校等への情報の提供が主となります。認定こども園の場合、その両方の意義があります。

いずれの場合も、要録とは教育・保育施設における幼児教育のあり方とそこでのプロセスとしての評価を受けて記載されるものです。これは振り返りと評価の循環の過程を助け、幼児教育が目指すものを実現するために役立ちます。要録の記述は園内で、そして就学後は小学校教師の指導の参考とされます。

よって、作成の際は引き継ぎ資料として利用されることを念頭に置き、その子どもの伸びていく様子をなるべく具体的な姿として記述する必要があります。要録は子どもを序列化するものではなく、子どもの良さや可能性に注目することで、プロセスとしての保育活動をより充実させ、ひいては小学校教育の基盤を築いていくことにつながるものです。

幼稚園幼児指導要録

保育所児童保育要録

幼保連携型認定こども園園児指導要録

◆ 様式に込められた意図

新しい要録は、
どこが変わったのか？

大方美香（大阪総合保育大学大学院 教授）

幼稚園、保育所、認定こども園で要録の様式が共通化

　平成30年3月に、新しい「幼稚園幼児指導要録」「保育所児童保育要録」「幼保連携型認定こども園園児指導要録」が発表されました。この新しい要録は従来のものからなにが変更されたのでしょうか。要点として、大きく2つのことが挙げられます。

　1つ目は、幼稚園、保育所、認定こども園の各要録様式が共通化されたことです。

　「幼稚園幼児指導要録」は、法律上の学校である幼稚園に学籍をもつ子どもの、教育課程に基づく指導過程とその履修を証明するものです。満3歳児と3歳児、4歳児、5歳児の各年度末にそれぞれの担任が指導過程を振り返り、育ちつつある姿を記入し、次年度や小学校での指導につなげていきます。

　幼稚園同様、法律上の学校である幼保連携型認定こども園は、よく似た形式の「園児指導要録」を作成することになっています。

　一方、「保育所児童保育要録」は、少し意味合いが異なります。保育所は法律上、児童福祉施設であり、教育課程の記録は求められ

ていません。しかし、保育所に通う子どもが増えるとともに小学校との連携を求める声が高まり、平成20年の保育指針改定により、要録を小学校へ送ることが義務づけられました。つまり、育ちの連続性が重視されるようになり、小学校との接続を主な目的として、5歳児の年度末までの育ちを記録し、小学校へ送付することになっています。

　こうした背景の違いから、幼稚園・幼保連携型認定こども園と保育所とでは、これまでは要録の様式や記述の内容にも、それぞれ違いがありました。

　しかし平成29年に、教育要領・保育指針等、3法令の改訂（定）により、幼稚園、保育所、認定こども園が、いずれも同じように幼児教育を行う施設として明確に位置づけられました。そこには「共有すべき事項」として「育みたい資質・能力」や「幼児期の終わりまでに育ってほしい姿」（10の姿）が掲げられています。

　これを受け、これまで各施設で異なっていた要録の記載内容は、「学年（最終年度）の重点」「個人の重点」「指導上参考となる事項（保育の展開と子どもの育ち）」「幼児期の終わり

第1章 ここが変わった！新要録

■ 要録の主な変更点

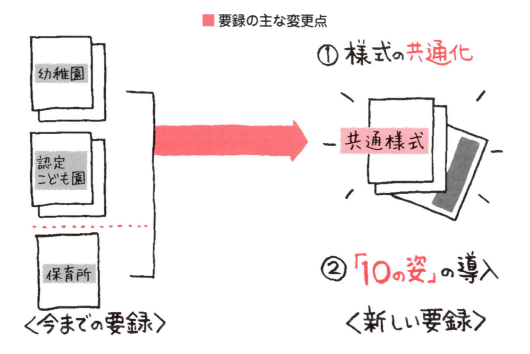

までに育ってほしい姿」が共有事項として整理されることで、整合性のとれた形になりました。特に保育要録は、養護と教育を一体的に行うことを意識して改編され、これまでにあった「養護」に特化した記入欄がなくなりました。

新たに設けられた「10の姿」という観点

変更点の2つ目は、5歳児（最終学年）の記述欄に「幼児期の終わりまでに育ってほしい姿」（10の姿）の条文が入ったことです。

つまり"幼児期から小学校に、教育のバトンを渡しますよ"という書類上の証が、新しい要録の様式に示されているのです。

3法令の改訂（定）と同時に、保育者と小学校教師の間で「10の姿」を共有していくことが明確になりました。このため小学校では幼児期に育てた力を継続して育んでいくため

の、スタートカリキュラムを導入することになっています。

もちろん、これまでにも幼稚園や保育所、認定こども園では、幼児期に行った活動やそこで育ちつつある姿について報告する記録などを使用して、小学校との"連携"を図ってきました。けれども幼児教育でいう「5領域」や「心情・意欲・態度」といった表現は、なかなか小学校の教師には伝わりにくいという難点があり、せっかく要録を作っても、「ちゃんと座っていられるか」「授業がしやすいか」といった点だけに注目が集まる傾向がありました。

今回は、情報共有のための"連携"にとどまらない、「10の姿」をいかした内容面での"連携"が求められています。要録を通じて、幼児教育で育ちつつある姿をよりわかりやすく小学校に伝え、育てた力が十分に発揮できる"接続"とすることが大切です。

13

◆ ここが変わった ❶ <**幼稚園幼児指導要録**>の場合

「最終学年の指導に関する記録」が新設

◎ 5歳児の「指導に関する記録」が3枚目に独立し、「10の姿」が組み込まれた。
◎ 「学籍に関する記録」は、変更なし。

指導に関する記録

旧

新

3学年分に

（満3歳児）　（3歳児）　（4歳児）

3学年分に
5歳児が「最終学年の指導に関する記録」へと独立したため、3学年分に変更。

第1章 ここが変わった！新要録

＜最終学年の指導に関する記録＞

幼稚園幼児指導要録（最終学年の指導に関する記録）

→ **幼児期の終わりまでに育ってほしい姿（10の姿）**

幼稚園教育要領 第1章 総則に示された「幼児期の終わりまでに育ってほしい姿」を活用して、育まれている資質・能力を捉え、指導の過程と育ちつつある姿を記入する。

→ **備考欄**……必要に応じて、「教育課程に係る教育時間の終了後等に行う教育活動」を通した発達の姿を記入することになった。

◆ ここが変わった ❷ <**保育所児童保育要録**>の場合

「入所に関する記録」新設など、幼稚園との共通化が図られた

◎幼稚園・認定こども園の「学籍に関する記録」に倣って、「入所に関する記録」が新設。
◎「保育に関する記録」には「10の姿」が組み込まれた。

入所に関する記録

保護者欄が追加
保護者の氏名と現住所を
書く欄が追加された。

保育に関する記録

新

保育所児童保育要録（保育に関する記録）

本資料は、就学に際して保育所と小学校（義務教育学校の前期課程及び特別支援学校の小学部を含む。）が子どもに関する情報を共有し、子どもの育ちを支えるための資料である。

ふりがな		保育の過程と子どもの育ちに関する事項	最終年度に至るまでの育ちに関する事項
氏名		（最終年度の重点）	
生年月日	年　月　日		
性別		（個人の重点）	
ねらい（発達を捉える視点）		（保育の展開と子どもの育ち）	
健康	明るく伸び伸びと行動し、充実感を味わう。		
	自分の体を十分に動かし、進んで運動しようとする。		
	健康、安全な生活に必要な習慣や態度を身に付け、見通しをもって行動する。	（5歳児）	（～4歳児）
人間関係	保育所の生活を楽しみ、自分の力で行動することの充実感を味わう。		
	身近な人と親しみ、関わりを深め、工夫したり、協力したりして一緒に活動する楽しさを味わい、愛情や信頼感をもつ。		
	社会生活における望ましい習慣や態度を身に付ける。		幼児期の終わりまでに育ってほしい姿 ※各項目の内容等については、別紙に示す「幼児期の終わりまでに育ってほしい姿について」を参照すること。
環境	身近な環境に親しみ、自然と触れ合う中で様々な事象に興味や関心をもつ。		健康な心と体
	身近な環境に自分から関わり、発見を楽しんだり、考えたりし、それを生活に取り入れようとする。		自立心
	身近な事象を見たり、考えたり、扱ったりする中で、物の性質や数量、文字などに対する感覚を豊かにする。		協同性
言葉	自分の気持ちを言葉で表現する楽しさを味わう。		道徳性・規範意識の芽生え
	人の言葉や話などをよく聞き、自分の経験したことや考えたことを話し、伝え合う喜びを味わう。		社会生活との関わり
	日常生活に必要な言葉が分かるようになるとともに、絵本や物語などに親しみ、言葉に対する感覚を豊かにし、保育士等や友達と心を通わせる。		思考力の芽生え
表現	いろいろなものの美しさなどに対する豊かな感性をもつ。		自然との関わり・生命尊重
	感じたことや考えたことを自分なりに表現して楽しむ。		数量や図形、標識や文字などへの関心・感覚
	生活の中でイメージを豊かにし、様々な表現を楽しむ。	（特に配慮すべき事項）	言葉による伝え合い
			豊かな感性と表現

保育所における保育は、養護及び教育を一体的に行うことをその特性とするものであり、保育所における保育全体を通じて、養護に関するねらい及び内容を踏ま…が展開されることを念頭に置き、次の各事項を記入すること。
○保育の過程と子どもの育ちに関する事項
＊最終年度の重点：年度当初に、全体的な計画に基づき長期の見通しとして設定したものを記入すること。
＊個人の重点：1年間を振り返って、子どもの指導について特に重視してきた点を記入すること。
＊保育の展開と子どもの育ち：最終年度の1年間の保育における指導の過程と子どもの発達の姿（保育所保育指針第2章「保育の内容」に示された各領域のねら…として、子どもの発達の実情から向上が著しいと思われるもの）を、保育所の生活を通して全体的、総合的に捉えて記入すること。その際、他の子どもとの比較や一…に対する達成度についての評定によって捉えるものではないことに留意すること。あわせて、就学後の指導に必要と考えられる配慮事項等について記入すること。別…し、「幼児期の終わりまでに育ってほしい姿」を活用して子どもに育まれている資質・能力を捉え、指導の過程と育ちつつある姿をわかりやすく記入するように留意す…
＊特に配慮すべき事項：子どもの健康の状況等、就学後の指導において配慮が必要なこととして、特記すべき事項がある場合に記入すること。
○最終年度に至るまでの育ちに関する事項
子どもの入所時から最終年度に至るまでの育ちに関し、最終年度における保育の過程と子どもの育ちの姿を理解する上で、特に重要と考えられることを記入す…

保育の過程と子どもの育ちに関する事項

従来、「養護」と「教育」に分かれていた欄が統合・再編され、「保育の過程と子どもの育ちに関する事項」が新設。その小項目として、【最終年度の重点】【個人の重点】【保育の展開と子どもの育ち】が作られた。

最終年度に至るまでの育ちに関する事項

入所から最終年度に至るまでの育ちの姿に関して、最終年度の「保育の過程と子どもの育ち」を理解する上で、特に重要と考えられることを記入。

幼児期の終わりまでに育ってほしい姿（10の姿）

別紙「幼児期の終わりまでに育ってほしい姿」を参照し、育まれている資質・能力を捉え、指導の過程と育ちつつある姿を記入する。

特に配慮すべき事項が追加

子どもの健康の状況等、特記すべき事項がある場合に記入。

別紙

幼児期の終わりまでに育ってほしい姿について

新

幼児期の終わりまでに育ってほしい姿について

保育所保育指針第1章「総則」に示された「幼児期の終わりまでに育ってほしい姿」は、保育所保育指針第2章「保育の内容」に示されたねらい及び内容に基づいて、各保育所で、乳幼児期にふさわしい生活や遊びを積み重ねることにより、保育所保育において育みたい資質・能力が育まれている子どもの具体的な姿であり、特に小学校就学の始期に達する直前の年度の後半に見られるようになる姿である。「幼児期の終わりまでに育ってほしい姿」は、とりわけ子どもの自発的な活動としての遊びを通して、一人一人の発達の特性に応じて、これらの姿が育っていくものであり、全ての子どもに同じように見られるものではないことに留意すること。

健康な心と体	保育所の生活の中で、充実感をもって自分のやりたいことに向かって心と体を十分に働かせ、見通しをもって行動し、自ら健康で安全な生活をつくり出すようになる。
自立心	身近な環境に主体的に関わり様々な活動を楽しむ中で、しなければならないことを自覚し、自分の力で行うために考えたり、工夫したりしながら、諦めずにやり遂げることで達成感を味わい、自信をもって行動するようになる。
協同性	友達と関わる中で、互いの思いや考えなどを共有し、共通の目的の実現に向けて、考えたり、工夫したり、協力したりし、充実感をもってやり遂げるようになる。
道徳性・規範意識の芽生え	友達と様々な体験を重ねる中で、してよいことや悪いことが分かり、自分の行動を振り返ったり、友達の気持ちに共感したりし、相手の立場に立って行動するようになる。また、きまりを守る必要性が分かり、自分の気持ちを調整し、友達と折り合いを付けながら、きまりをつくったり、守ったりするようになる。
社会生活との関わり	家族を大切にしようとする気持ちをもつとともに、地域の身近な人と触れ合う中で、人との様々な関わり方に気付き、相手の気持ちを考えて関わり、自分が役に立つ喜びを感じ、地域に親しみをもつようになる。また、保育所内外の様々な環境に関わる中で、遊びや生活に必要な情報を取り入れ、情報に基づき判断したり、情報を伝え合ったり、活用したりするなど、情報を役立てながら活動するようになるとともに、公共の施設を大切に利用するなどして、社会とのつながりなどを意識するようになる。
思考力の芽生え	身近な事象に積極的に関わる中で、物の性質や仕組みなどを感じ取ったり、気付いたりし、考えたり、予想したり、工夫したりするなど、多様な関わりを楽しむようになる。また、友達の様々な考えに触れる中で、自分と異なる考えがあることに気付き、自ら判断したり、考え直したりするなど、新しい考えを生み出す喜びを味わいながら、自分の考えをよりよいものにするようになる。
自然との関わり・生命尊重	自然に触れて感動する体験を通して、自然の変化などを感じ取り、好奇心や探究心をもって考え言葉などで表現しながら、身近な事象への関心が高まるとともに、自然への愛情や畏敬の念をもつようになる。また、身近な動植物に心を動かされる中で、生命の不思議さや尊さに気付き、身近な動植物への接し方を考え、命あるものとしていたわり、大切にする気持ちをもって関わるようになる。
数量や図形、標識や文字などへの関心・感覚	遊びや生活の中で、数量や図形、標識や文字などに親しむ体験を重ねたり、標識や文字の役割に気付いたりし、自らの必要感に基づきこれらを活用し、興味や関心、感覚をもつようになる。
言葉による伝え合い	保育士等や友達と心を通わせる中で、絵本や物語などに親しみながら、豊かな言葉や表現を身に付け、経験したことや考えたことなどを言葉で伝えたり、相手の話を注意して聞いたりし、言葉による伝え合いを楽しむようになる。
豊かな感性と表現	心を動かす出来事などに触れ感性を働かせる中で、様々な素材の特徴や表現の仕方などに気付き、感じたことや考えたことを自分で表現したり、友達同士で表現する過程を楽しんだりし、表現する喜びを味わい、意欲をもつようになる。

保育所児童保育要録（保育に関する記録）の記入に当たっては、特に小学校における子どもの指導に生かされるよう、「幼児期の終わりまでに育ってほしい姿」を活用して子どもに育まれている資質・能力を捉え、指導の過程と育ちつつある姿をわかりやすく記入するように留意すること。
また、「幼児期の終わりまでに育ってほしい姿」が到達すべき目標ではないことに留意し、項目別に子どもの育ちつつある姿を記入するのではなく、全体的、総合的に捉えて記入すること。

◆ ここが変わった ❸ ＜幼保連携型認定こども園園児指導要録＞の場合

最終学年が独立するなど、幼稚園との共通化が図られた

◎用紙方向が横から縦へ変更された。
◎5歳児の「指導等に関する記録」が3枚目に独立し、「10の姿」が組み込まれた。
◎「学籍等に関する記録」は、変更なし。

指導等に関する記録

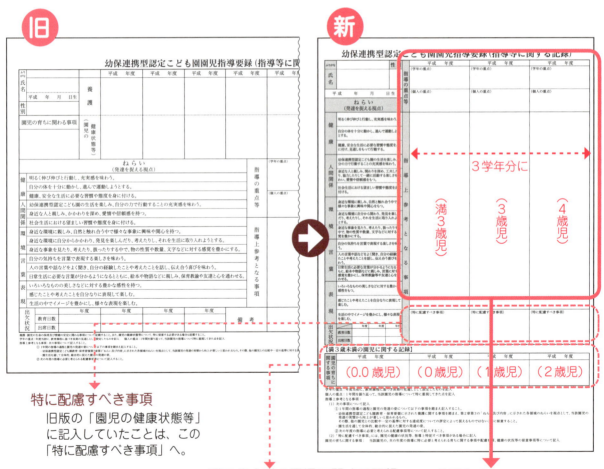

特に配慮すべき事項
旧版の「園児の健康状態等」に記入していたことは、この「特に配慮すべき事項」へ。

満3歳未満の園児に関する記録
子どもの育ちに関する事項、配慮事項、健康の状況等、特記すべき事項がある場合に記入。

3学年分に
5歳児が「最終学年の指導に関する記録」へと独立したため、3学年分に変更。

第1章 ここが変わった！新要録

＜最終学年の指導に関する記録＞

幼保連携型認定こども園園児指導要録（最終学年の指導に関する記録）

→ 幼児期の終わりまでに育ってほしい姿（10の姿）

幼保連携型認定こども園教育・保育要領 第1章 総則に示された「幼児期の終わりまでに育ってほしい姿」を活用して、育まれている資質・能力を捉え、指導の過程と育ちつつある姿を記入する。

特に配慮すべき事項 ……旧版の「園児の健康状態等」に記入していたことは、この「特に配慮すべき事項」へ。

◆ 「資質・能力」の育ちと「10 の姿」の関係性

「10 の姿」は資質・能力の育ちを バランスよくみる視点

大方美香（大阪総合保育大学大学院 教授）

0～18歳の教育で 育てたい「資質・能力」

　平成 29 年の教育要領・保育指針等 3 法令の改訂（定）により、幼稚園、保育所、認定こども園の子どもたちに育てたい力として「資質・能力」が明記されました。

　これは、0 ～ 18 歳までの学校教育を通じて、子どもたちに育んでいくことが望ましい 3 つの基礎としての力を表しています。これからの社会では、知識や情報を単に集積するような分野は、ロボット等に取って代わられます。そのような時代にあっては、困難な課題に粘り強く取り組む、創意工夫をする、自己決定をするといった力を身につけることが重要です。これからの時代に必要となる〝就学前に育ってほしい姿〟がここに示されているのです。

　幼児教育で育む「資質・能力」は、「知識及び技能の基礎」「思考力、判断力、表現力等の基礎」「学びに向かう力、人間性等」の 3 つの柱からなっています（図参照）。

　例えば、水遊びの場面で「水は上から下へ流れるんだ」、「夏と冬では水の温度が違うな」と気づいたりできるようになることは、「知識及び技能の基礎」です。また、泥だんごを作っていて、「できるだけ硬いのを作ろう。どうすれば硬くなるのかな」、「たくさん作ってきれいに飾ろう。どうすればきれいかな」と試し考えることは、「思考力、判断力、表現力等の基礎」に当てはまります。

　ここで注意したいのは、慌ただしい保育のなかではただ「水遊びをした」「どろんこになって遊んだ」といった、外から見た遊び・活動の記録になりがちなことです。「資質・能力の育ち」を考えていく場合は特に「その遊びや活動で子どもがなにを学んでいるのか」「なにに気づいて、なにを楽しみにしているのか」、すなわち子どもの遊び・活動の内面を保育者が意識して読み取り、記録していく必要があります。

　また「学びに向かう力、人間性等」を身につけるには、葛藤を乗り越える、自分の感情と折り合いをつけるといった経験が大切です。このとき、「いやだったね」「悔しかったね」といった気持ちを保育者が言語化することで、「これが悔しいってことなんだ」と子ども自身が実感しなければ、周りの友達がど

第1章 ここが変わった！新要録

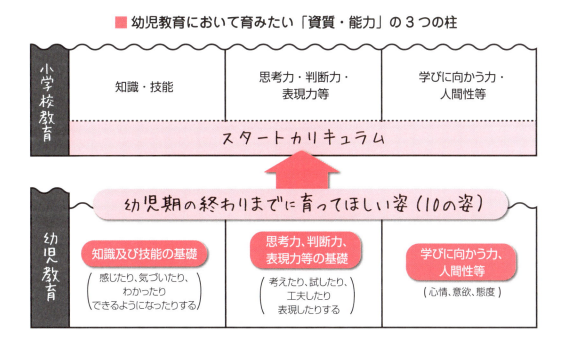

う思うかは想像できません。

　子どもの気持ちを言葉にして共感するという、保育者の役割・働きかけは非常に重要です。

育ちつつある力を、就学前で切り取ったのが「10の姿」

　一方、「幼児期の終わりまでに育ってほしい姿」（10の姿）は、資質・能力が育ちつつある過程を、就学前の時点での子どもの具体的な姿としたものです。

　先にも述べたように、資質・能力にはさまざまな力があります。要録の記述はともすると、「友達と仲よく遊ぶことができた」といった人間関係など、特定の分野に偏ってしまうことがありますが、10の要素に照らし合わせてみると、子どものなかに育ちつつある力について広い視野で振り返り、評価することができます。

　「10の姿」は、幼児期から小学校へ向かう成長の大きな節目に、保育の内容（5領域）のなかで育成したことで、ある程度のところまで「いろいろな力が偏りなく育ちつつあるのか」を具体的な姿として捉えて、検討するための視点です。その尺度を使って、子どもの成長・発達を総合的に振り返り、要録にまとめることが大切です。

幼稚園幼児指導要録

保育所児童保育要録

幼保連携型認定こども園園児指導要録

21

◆「5領域」と「10の姿」、なぜ2つの視点があるの?

「5領域」と「10の姿」の 両面を意識して書くことが大切

大方美香（大阪総合保育大学大学院 教授）

「どのような活動をしたか」と 「それによってなにが育ったか」

　幼稚園幼児指導要録ならびに幼保連携型認定こども園園児指導要録の「最終学年の指導に関する記録」と、保育所児童保育要録の「保育に関する記録」には、様式の左側に「ねらい」として健康、人間関係、環境、言葉、表現の「5領域」が記載されています。一方、様式の右側には「幼児期の終わりまでに育ってほしい姿」（10の姿）が記載されています。この「5領域」と「10の姿」の関係性を踏まえて、「指導上参考となる事項」の欄を記入するにはどのようにしたらいいのかと、迷ってしまう方もいるかもしれません。改めてこの2つの事項の関係を整理しておきましょう。

　まず「5領域」は、簡単にいえば「どのような遊びや活動をしてきたか」を示す指導過程のことです。平成29年、教育要領・保育指針等の3法令が改訂（定）されましたが、遊びを通しての学び、環境を通しての学びを促すという幼児教育における指導の方法は、これまでと変わっていません。よって、「5領域」

について記述する際は、子どもが遊びや活動を通してどのような経験をしてきたのかを考えるとよいのです。好きな遊びや活動も異なりますし、同じ遊びや活動でも一人ひとりの楽しみ方・集中度は異なるので、そこを捉えましょう。

　それに対して「10の姿」は、5領域におけるさまざまな遊びや活動を通じて、子どもの内側に「なにが育ってきたか」（なにを育成してきたか）をみる視点です。自立心や協同性、道徳性、思考力の芽生えなど、子どもの〝内面の育ち〟を捉えるための手立てとして、「10の姿」が掲げられています。

「10の姿」は 小学校の生活科の基盤

　要録に記述するときは、「5領域」の活動と、それによって何が育ったかという「10の姿」の両面を意識して書くことが大切です。

　例えば、要録に「積み木遊びをして楽しんだ」という活動の記録があったとしても、読み手はその子になにが育ったのかを知ることはできません。

　同じ積み木遊びでも、3歳児は積み木を

第1章 ここが変わった！新要録

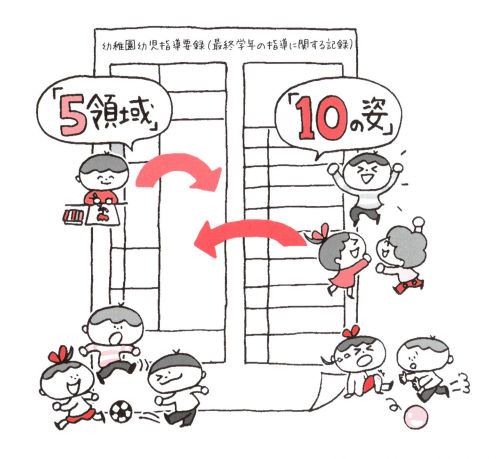

使って、その形から偶然にイメージをつくる遊びを楽しみますが、5歳児になると「こういうものを作りたい」というイメージが先にあり、見通しをもって遊ぶ姿が見られます。時には、そのイメージを友達と共有し、ダイナミックな作品を仕上げることもあります。

つまり同じ積み木遊びでも、試し考えながらイメージする力や表現力を伸ばす子もいれば、友達と工夫しながらそのおもしろさに気づき、できるようになり、協同する力を伸ばす子もいます。作品をもっと良くするにはどうすればいいかと、意欲をもって粘り強く取り組む子もいます。積み木遊びという活動とともに、その子に「育った力」を記述すること

で、ただ楽しく遊んでいたわけではないことを理解してもらうことが大切です。幼児教育において、遊びや活動を通して、なにを育てようとしてきたのか、どんな力が育ったのかを、小学校教師にわかりやすく伝えることができます。

「10の姿」には、「社会生活との関わり」や「自然との関わり・生命尊重」など、小学校の生活科の基盤となる育ちの姿や要素があります。これを参考にしながら、幼児期に育てた力を小学校でも引き継いで伸ばしてほしいという気持ちで、要録に記述する内容を考えてみましょう。

幼稚園幼児指導要録

保育所児童保育要録

幼保連携型認定こども園園児指導要録

◆ 要録に「10の姿」をどう書けばいいの？

「10の姿」を踏まえて
最終学年で育った部分を記述

大方美香（大阪総合保育大学大学院 教授）

10個の項目、全てを書く
ということではない

　新しくなった要録の様式には、「幼児期の終わりまでに育ってほしい姿」（10の姿）が記載されています。しかし、これは「健康な心と体」から「豊かな感性と表現」までの10項目全てについて書かなければいけない、というわけではありません。

　「10の姿」は、人間の資質・能力のさまざまな側面を表したものです。大人でも、全ての面においてバランスの取れた人などいませんから、「10の姿が全部そろって育ちました」ということが大切なわけではありません。

　要録には、子ども一人ひとりの成長を振り返り、10の要素の中で「最終学年の1年間でよく育ったな」と感じる点や、その育ちつつある姿を小学校でさらに伸ばしてほしいと評価する部分を記載すればいいといえます。

　注意したいことは、様式の下段にも小さな字で説明がありますが、「他の幼児との比較や一定の基準に対する達成度についての評定によって捉えるものではない」ということです。つまり他の子どもとの比較や、単純にで

きる・できないといった評定ではなく、その子の発達のプロセスや深い子ども理解に基づいて、「よく伸びた」と思えるところを全体的・総合的に記載することが大切です。

子どものいきいきした姿を
小学校の先生に伝える

　「10の姿」を踏まえて子どもの活動を記入する場合、例えば「文字や数のドリルに取り組み、数量などへの感覚を養った」というような記述では不十分です。その子がどんなことに興味をもち、どんな遊びや活動を通じて、どんな力を伸ばしたかにまで言及し、それを具体的な姿として書くことがポイントです。

　いくつか例を挙げてみましょう。「砂場で川を作って遊ぶことに夢中な姿が見られた。水の流れや砂の性質に気づき、どうしたら勢いよく水が流れるかを考えて何度も繰り返し試し、考え、挑戦しながら、粘り強く取り組んでいた」と記載すれば、そこからは自然の法則への気づきや、探求心などが読み取れます。「容器に水を入れてどっちが多いかを比べ、熱心に友達と話し合っていた」という記載からは、数量（比較）への興味や、協同性

第1章 ここが変わった！新要録

が育まれていたことがわかります。また「保育者が書き物をしていると『なにを書いてるの？ わたしも書きたい！』と声をかけてきて、子どもなりの表現で祖母へ手紙を書いていた」と書けば、主体性や文字への親しみ、手紙を通した表現への興味がわかります。

このように、子どものいきいきした姿が伝わるように書くと、子ども一人ひとりの興味・関心や、さらに小学校で伸ばしていきたいよいところなどを、小学校教師に具体的に知ってもらうことができます。

「ここまで育てました」といえる保育を

かつて生活のなかで子どもが自然に身に付けていた力も、便利な現代社会では〝意識して育てなければ育たない〟ことが多くなっています。最近では子どもの生活体験が乏しくなり、学校で「ほうきとちり取りで掃除をする」と伝えても、それが理解できない子どもも多くいます。また、保護者も日常的にスマートフォンへの依存が増し、以前より家族の対話そのものが減っているといわれます。幼い頃から「自分の気持ちを言葉にして表す」対話体験の機会として、遊びや活動は大切です。

そんな時代だからこそ、保育を考え振り返る評価の目安として「10の姿」を役立てることが大切です。保育者としては、遊びや活動のなかで、一人ひとりの子どもが、なにがおもしろいと感じ、なにに夢中になっているかに気づくことと、その記録を取ることが大切です。子どもの主体性を尊重しながら子どもに関わり、「こういう力が今、育っているんだ」ということに気づき、遊びや活動を深める環境づくりが必要です。小学校入学の際に「子どもたちがここまで育ちつつある」ことを伝える具体的な内容を、小学校に引き継いでいくのが、要録の役割です。

幼稚園幼児指導要録

保育所児童保育要録

幼保連携型認定こども園園児指導要録

25

◆ 「最終学年の指導に関する記録」の記入例

「10の姿」のキーワードを
考えながら書こう

佐々木 晃
(鳴門教育大学附属幼稚園 園長、鳴門教育大学大学院 教育実践教授)

幼児の育ちと
保育者の指導のプロセスが
「10の姿」で見えてくる

　このたびの指導要録・保育要録の改訂では、教育要領・保育指針等の改訂(定)を受けて「最終学年の指導に関する記録」(新設)に「幼児期の終わりまでに育ってほしい姿」(以下、「10の姿」)の考え方が導入されました。

　この「10の姿」は、幼児の育ちと保育者の指導のプロセスを物語る指標となるものです。ここに示された「10の視点」でみることにより、幼児一人ひとりのよさや課題が、保育者の指導方法との関連のなかでどのように表れ、育っていったかがわかります。この「10の姿」は、育みたい資質・能力の側面として小学校教師にも共有され、就学後の児童理解や指導の手がかりとなることが期待されています。

【記入例1】
「10の姿」で継続的に
幼児を追った例

　要録を書くうえで、この「10の姿」をどのように活用していくか、実例を見ながら考えていきましょう。

　27ページの【記入例1】では、「指導上参考となる事項」において次のように「10の姿」が捉えられているのがわかります。

　進級当初の新しい人間関係や環境のなかでは、①健康な心と体 ②自立心 の発揮が難しくなる傾向があったことが記されています。

　保育者は、「個人の重点」に書かれている「見通し」をもって行動すること、その結果うまくいったことを認め、励ます指導を行います。

　秋になると、得意な⑦自然との関わり・生命尊重 ⑧数量や図形、標識や文字などへの関心・感覚 が発揮されたことや、保育者の援助で幼児がさらにスキルを広げ、変容のきっかけとなる出来事に出会ったことが記載されています。

　このことがきっかけで、⑤社会生活との関わり が広げられ、⑥思考力 が促され、友達との⑨言葉による伝え合い や ⑩豊かな感性と表現 が、④道徳性・規範意識 や③協同性 のなかで展開されていき、①健康な心と体 ②自立心 がよりしっかりとしたものになっていったことがわかります。

第1章 ここが変わった！新要録

【記入例1】

幼稚園幼児指導要録（最終学年の指導に関する記録）

ふりがな	○○○○	指導の重点等	平成　　年度
氏名	A夫 平成○年○月○日生		（学年の重点） ○友達と工夫したり協力したりしながらさまざまな遊びや活動に取り組み、考えたり、伝え合ったり、表現したりする。
性別	男		（個人の重点） ○見通しをもって行動し、やり遂げる充実感を味わう。

ねらい （発達を捉える視点）		指導上参考となる事項
健康	明るく伸び伸びと行動し、充実感を味わう。 自分の体を十分に動かし、進んで運動しようとする。 健康、安全な生活に必要な習慣や態度を身に付け、見通しをもって行動する。	○進級当初は、友達を待っての活動が多く、そのなかでは安定して自分の思いや考えが表現できていた。しかし、初めてのことや苦手なことは遠巻きに見ていたり不安そうにすることもあった。そこで、自分なりに見通しをもって考えることや、行動してうまくいったことを認めて励ましてきた。
人間関係	幼稚園生活を楽しみ、自分の力で行動することの充実感を味わう。 身近な人と親しみ、関わりを深め、工夫したり、協力したりして一緒に活動する楽しさを味わい、愛情や信頼感をもつ。 社会生活における望ましい習慣や態度を身に付ける。	○秋には、飼育していた昆虫の知識で存在感を示し、関心のあったことをさらに図鑑などで広げ、昆虫の生態や飼育の情報を新聞で発信したり、やさしく世話をする姿が友達から認められるようになった。
環境	身近な環境に親しみ、自然と触れ合う中で様々な事象に興味や関心をもつ。 身近な環境に自分から関わり、発見を楽しんだり、考えたり、それを生活に取り入れようとする。 身近な事象を見たり、考えたり、扱ったりする中で、物の性質や数量、文字などに対する感覚を豊かにする。	○こうした成功体験を重ね、得意な造形遊びや絵本作りに友達を誘ったり、年少組を招いたりするなかで、言葉や表現を選んで相手を励ましたりして、友達からの信頼を得る喜びを感じるようになった。
言葉	自分の気持ちを言葉で表現する楽しさを味わう。 人の言葉や話などをよく聞き、自分の経験したことや考えたことを話し、伝え合う喜びを味わう。 日常生活に必要な言葉が分かるようになるとともに、絵本や物語などに親しみ、言葉に対する感覚を豊かにし、先生や友達と心を通わせる。	○さまざまな活動に積極的に参加し、自分の役割や責任を意識しながらルールや仕方を友達に伝え、共通の目的に向かって根気強く取り組む姿が見られはじめている。
表現	いろいろなものの美しさなどに対する豊かな感性をもつ。 感じたことや考えたことを自分なりに表現して楽しむ。 生活の中でイメージを豊かにし、様々な表現を楽しむ。	

出欠状況		年度	備考	特記事項なし
	教育日数			
	出席日数			

幼児期の終わりまでに育ってほしい姿

「幼児期の終わりまでに育ってほしい姿」は、幼稚園教育要領第2章に示すねらい及び内容に基づいて、各幼稚園で、幼児期にふさわしい遊びや生活を積み重ねることにより、幼稚園教育において育みたい資質・能力が育まれている幼児の具体的な姿であり、とりわけ幼児に同じように見られるものではない。

健康な心と体	幼稚園生活の中で、充実感をもって自分のやりたいことに向かって心と体を十分に働かせ、見通しをもって行動し、自ら健康で安全な生活をつくり出すようになる。
自立心	身近な環境に主体的に関わり様々な活動を楽しむ中で、しなければならないことを自覚し、自分の力で行うために考えたり、工夫したりしながら、諦めずにやり遂げることで達成感を味わい、自信をもって行動するようになる。
協同性	友達と関わる中で、互いの思いや考えなどを共有し、共通の目的の実現に向けて、考えたり、工夫したり、協力したりし、充実感をもってやり遂げるようになる。
道徳性・規範意識の芽生え	友達と様々な体験を重ねる中で、してよいことや悪いことが分かり、自分の行動を振り返ったり、友達の気持ちに共感したりし、相手の立場に立って行動するようになる。また、きまりを守る必要性が分かり、自分の気持ちを調整し、友達と折り合いを付けながら、きまりをつくったり、守ったりするようになる。
社会生活との関わり	家族を大切にしようとする気持ちをもつとともに、地域の身近な人と触れ合う中で、人との様々な関わり方に気付き、相手の気持ちを考えて関わり、自分が役に立つ喜びを感じ、地域に親しみをもつようになる。また、幼稚園内外の様々な環境に関わる中で、遊びや生活に必要な情報を取り入れ、情報に基づき判断したり、情報を伝え合ったり、活用したりするなど、情報を役立てながら活動するようになるとともに、公共の施設を大切に利用するなどして、社会とのつながりなどを意識するようになる。
思考力の芽生え	身近な事象に積極的に関わる中で、物の性質や仕組みなどを感じ取ったり、気付いたりし、考えたり、予想したり、工夫したりするなど、多様な関わりを楽しむようになる。また、友達の様々な考えに触れる中で、自分と異なる考えがあることに気付き、自ら判断したり、考え直したりするなど、新しい考えを生み出す喜びを味わいながら、自分の考えをよりよいものにするようになる。
自然との関わり・生命尊重	自然に触れて感動する体験を通して、自然の変化などを感じ取り、好奇心や探究心をもって考え言葉などで表現しながら、身近な事象への関心が高まるとともに、自然への愛情や畏敬の念をもつようになる。また、身近な動植物に心を動かされる中で、生命の不思議さや尊さに気付き、身近な動植物への接し方を考え、命あるものとしていたわり、大切にする気持ちをもって関わるようになる。
数量や図形、標識や文字などへの関心・感覚	遊びや生活の中で、数量や図形、標識や文字などに親しむ体験を重ねたり、標識や文字の役割に気付いたりし、自らの必要感に基づきこれらを活用し、興味や関心、感覚をもつようになる。
言葉による伝え合い	先生や友達と心を通わせる中で、絵本や物語などに親しみながら、豊かな言葉や表現を身に付け、経験したことや考えたことなどを言葉で伝えたり、相手の話を注意して聞いたりし、言葉による伝え合いを楽しむようになる。
豊かな感性と表現	心を動かす出来事などに触れ感性を働かせる中で、様々な素材の特徴や表現の仕方などに気付き、感じたことや考えたことを自分で表現したり、友達同士で表現する過程を楽しんだりし、表現する喜びを味わい、意欲をもつようになる。

10の姿
①健康な心と体
②自立心
（の発揮が難しくなる傾向）

10の姿
⑦自然との関わり・生命尊重

10の姿
⑧数量や図形、標識や文字などへの関心・感覚
⑤社会生活との関わり
⑥思考力の芽生え
⑨言葉による伝え合い

10の姿
⑤社会生活との関わり
⑥思考力の芽生え
⑨言葉による伝え合い
⑩豊かな感性と表現
④道徳性・規範意識の芽生え
③協同性

ポイント！
・未来へ向けた可能性や期待も。

幼稚園幼児指導要録

保育所児童保育要録

幼保連携型認定こども園園児指導要録

「個人の重点」として書かれている「見通し」とは、自分のもっている得意なこと＝「強み」をいかに生かしながら困難に向かっていったり、安心・安定していくかという意味でもあることがわかります。これは、保育者の指導の方略でもあるし、その幼児の個性や特性に合った、「生きる力」を発揮する仕方の提案ともいえます。「10の姿」という指標を継続的に使って、幼児の育ちと保育者の指導を捉えていった成果がよくわかる事例です。

最後の「共通の目的に向かって根気強く取り組む姿が見られはじめている」には、未来に向けた可能性や期待も含まれています。過去・現在・未来が記されて、それを次の（小学校の）担任が引き継いでこそ、幼児への指導内容や方法が接続していくといえるでしょう。

【記入例2】
情報の盛り込み方に工夫が必要な例

29ページ【記入例2】を書いた担任は、かなりベテランの保育者のように見受けられます。指導のねらいがよくわかるとともに幼児の活動の変化がよく伝わってきます。しかし、要録の読み手に、この幼児の「育ち」が伝わるかというと、いささか不足している面が見られます。

まず、書き手の担任としてはよくわかってのことなのですが、読む側にとって何が「その子らしさ」なのかを把握する手がかりが書かれていません。進級後の幼児の発達の状況がどうなのかはよくわかりますが、どのような状態になることがその子らしいのか、知りたいところです。

次に、6月頃のこととして、周囲に思いを伝え、関わりながら活動するようになったと書かれています。ここに、この育ちにつながった保育者の指導内容や方法を書き込むと、新しい担任の指導資料としてわかりやすくなるでしょう。

「10の姿」のキーワードは、赤ラインで示したように、後半かなりしっかりと絡めて表現しています。ここに、前述した保育者の指導のプロセスが書き込まれると、幼児の育ちつつある姿を記載した、次へつながる指導要録となるはずです。

第1章 ここが変わった！新要録

【記入例2】

幼稚園幼児指導要録（最終学年の指導に関する記録）

ふりがな	○○○○	指導の重点等	平成　　年度
氏名	B子		（学年の重点） ○友達と遊び込むなかで、いろいろなことに関心をもつ。
	平成 ○年 ○月 ○日生		
性別	女		（個人の重点） ○自分らしさを出し、イメージ豊かにさまざまな活動に意欲的に取り組む。

ねらい（発達を捉える視点）

	ねらい	指導上参考となる事項
健康	明るく伸び伸びと行動し、充実感を味わう。 自分の体を十分に動かし、進んで運動しようとする。 健康、安全な生活に必要な習慣や態度を身に付け、見通しをもって行動する。	○進級後は朝の準備をせずに、一人で絵を描きはじめることが多く、**本来の自分らしさが出ていないようだった**。折り紙などでは、同じ興味をもつ友達といっしょに遊ぶことが増え、砂場でも水路を作ったり山を作ったりと、自分のイメージを友達に伝えながら遊んだ。
人間関係	幼稚園生活を楽しみ、自分の力で行動することの充実感を味わう。 身近な人と親しみ、関わりを深め、工夫したり、協力したりして一緒に活動する楽しさを味わい、愛情や信頼感をもつ。 社会生活における望ましい習慣や態度を身に付ける。	○**6月頃には周囲に思いを伝え、関わりながら遊びや活動をするようになった。** それとともに、朝の準備等の習慣的な活動もできるようになった。
環境	身近な環境に親しみ、自然と触れ合う中で様々な事象に興味や関心をもつ。 身近な環境に自分から関わり、発見を楽しんだり、考えたりし、それを生活に取り入れようとする。 身近な事象を見たり、考えたり、扱ったりする中で、物の性質や数量、文字などに対する感覚を豊かにする。	○**イメージが豊かでそれを言葉で伝え周囲の幼児と共有して遊んだりし、自己発揮ができる**ようになると、自分たちで遊びを進めたり考えたりし、友達との関わりも深まっていった。
言葉	自分の気持ちを言葉で表現する楽しさを味わう。 人の言葉や話などをよく聞き、自分の経験したことや考えたことを話し、伝え合う喜びを味わう。 日常生活に必要な言葉が分かるようになるとともに、絵本や物語などに親しみ、言葉に対する感覚を豊かにし、先生や友達と心を通わせる。	○運動会や表現会では、生活で得た経験を自分たちで話し合って構成を考え、**ストーリーを作りあげ**ていった。
表現	いろいろなものの美しさなどに対する豊かな感性をもつ。 感じたことや考えたことを自分なりに表現して楽しむ。 生活の中でイメージを豊かにし、様々な表現を楽しむ。	○**苦手と思い込んでいたこま回しも練習を積み重ね、「練習すればできる」という自信を得た。** その後、竹馬も**練習を繰り返し、乗れるように**なった。

出欠状況		年度	備考	特記事項なし
	教育日数			
	出席日数			

幼児期の終わりまでに育ってほしい姿

「幼児期の終わりまでに育ってほしい姿」は、幼稚園教育要領第2章に示すねらい及び内容に基づいて、各幼稚園で、幼児期にふさわしい遊びや生活を積み重ね〔…〕質・能力が育まれている…見られるようになる姿〔…〕姿」は、とりわけ幼児〔…〕人の発達の特性に応〔…〕幼児に同じように見ら〔…〕

健康な心と体	幼稚園生〔…〕かって〔…〕きて安全〔…〕
自立心	身近な環境に主体的に関わり様々な活動を楽しむ中で、しなければならないことを自覚し、自分の力で行うために考えたり、工夫したりしながら、諦めずにやり遂げることで達成感を味わい、自信をもって行動するようになる。
協同性	友達と関わる中で、互いの思いや考えなどを共有し、共通の目的の実現〔…〕充実感を〔…〕
道徳性・規範意識の芽生え	友達と様〔…〕かり、自分〔…〕相手の〔…〕守る必要性〔…〕いを付け〔…〕
社会生活との関わり	家族を大切にしようとする気持ちをもつとともに、地域の身近な人と触れ合う中で、人との様々な関わり方に気付き、相手の気持ちを考えて関わり、自分が役に立つ喜びを感じ、地域に親しみをもつようになる。また、幼稚園内外の様々な環境に関わる中で、遊びや生活に必要な情報を取り入れ、情報に基づき判断したり、情報を伝え合ったり、活用したりするなど、情報を役立てながら活動するようになるとともに、公共の施設を大切に利用するなどして、社会とのつながりなどを意識するようになる。
思考力の芽生え	身近な事象〔…〕感じ取った〔…〕りするなど〔…〕様々な考え〔…〕き、自ら判〔…〕出す喜び〔…〕うになる。
自然との関わり・生命尊重	自然に触れ〔…〕取り、好奇心〔…〕身近な事象への関心が高まるとともに、自然への愛情や畏敬の念をもつようになる。また、身近な動植物に心を動かされる中で、生命の不思議さや尊さに気付き、身近な動植物への接し方を考え、命あるものとしていたわり、大切にする気持ちをもって関わるようになる。
数量や図形、標識や文字などへの関心・感覚	遊びや生活の中で、数量や図形、標識や文字などに親しむ体験を重ねたり、標識や文字の役割に気付いたりし、自らの必要感に基づきこれらを活用し、興味や関心、感覚をもつようになる。
言葉による伝え合い	先生や友達と心を通わせる中で、絵本や物語などに親しみながら、豊かな言葉や表現を身に付け、経験したことや考えたことなどを言葉で伝えたり、相手の話を注意して聞いたりし、言葉による伝え合いを楽しむようになる。
豊かな感性と表現	心を動かす出来事などに触れ感性を働かせる中で、様々な素材の特徴や表現の仕方などに気付き、感じたことや考えたことを自分で表現したり、友達同士で表現する過程を楽しんだりし、表現する喜びを味わい、意欲をもつようになる。

ポイント！
・なにがその子の「自分らしさ」なのかを把握できる手がかりがあるとよい。

ポイント！
・育ちにつながる保育者の指導内容や方法の記載がほしい。

10の姿
⑩豊かな感性と表現
⑨言葉による伝え合い
③協同性
②自立心
①健康な心と体

幼稚園幼児指導要録

保育所児童保育要録

幼保連携型認定こども園園児指導要録

29

第2章

新要録の様式と
記入上の注意点

３つの要録それぞれの様式について、
各欄の基本的な書き方や
記入上の注意点を解説します。

＊園を管轄する地方自治体や教育委員会等が
　記入方法等の決まりを定めている場合は、
　そのルールにのっとってご記入ください。

要録の作成から送付までの流れ

指導の記述は、日常の保育記録と定期的な振り返りがカギ

要録には、「学籍（入所）に関する記録」と「指導（保育）に関する記録」があります。このうち「学籍に関する記録」は、入園時および進級した学年当初に記入します。これは年度の途中で転園をしたときにも引き継がれる情報ですから、子どもの氏名や住所など記載事項に変更があったときはそのつど新しい情報を記入し、変更した日付を欄外に記載します。保育所の「入所に関する記録」は、最終年度の始めに記入します。

要録の作成において、担任がもっとも時間を費やすのは、やはり学年末に記入する1年間の「指導（保育）に関する記録」でしょう。それだけに、学年末になって初めて1年を振り返るのでは、子どもの育ちや小学校に伝えるべき事項をなかなか整理できず、時間ばかりが過ぎてしまうことになります。

そこで重要になるのが、日常の保育記録と定期的な振り返りです。通常、指導計画に基づいて週案や日案を立てて活動していきますが、子どもが好きな遊びの内容が変わったときなど、保育のなかで気づいた変化や心の動きをできるだけ記録しておくようにします。そして1か月、あるいは1学期といったスパンで、5領域や資質・能力（または10の姿）も参考にしながら、活動内容やそこで見られた子どもの育ちを振り返ってみてください。

そうすると「ここをもっと育てよう」とか、「この子の発達に合った遊びを見直そう」といった改善点が見えてきます。それを次の月や学期に反映し、また振り返りをするのです。

そういうPDCAサイクルを回しながら保育記録を続けていくと、学年末が近づく頃には、要録に記述する「この1年で子どもの伸びたところ」が見えてくるようになります。

小学校の先生が「読みたくなる」書き方を

要録をまとめるときには「小学校の先生が読みたくなる」書き方を念頭に置きましょう。たくさん書きたいことがあるからと、細かい文字でびっしり記入欄を埋めてしまうと、読みにくくなります。文字の量や大きさを調整する、段落ごとに改行をするなど、読みやすくする工夫もしてみてください。

担任が書いた記録は、最終的に園長（施設長）の責任で要録として完成させ、年度内に就学先の小学校へと送付します。

大方美香（大阪総合保育大学大学院 教授）

第2章 新要録の様式と記入上の注意点

■各項目記入のタイミング （幼稚園幼児指導要録の例）

	学籍に関する記録	指導に関する記録 最終学年の指導に関する記録
入園時	●年度、学級、整理番号 ●「幼児」の欄 ●「保護者」の欄 ●入園年月日 ●入園前の状況 ●幼稚園名及び所在地 ●年度及び入園（転入園）・進級時の幼児の年齢 ●園長氏名、学級担任者氏名（押印は不要）	●氏名、生年月日 ●性別 ●年度 ●学年の重点
学年当初	●年度、学級、整理番号 ●年度及び入園（転入園）・進級時の幼児の年齢 ●園長氏名、学級担任者氏名（押印は不要）	●年度 ●学年の重点
学年末	●園長、学級担任者 　（押印が必要）	●個人の重点 ●指導上参考となる事項 ●出欠状況、備考
修了時	●修了年月日 ●進学先等	
事由発生時	●転入園年月日、転・退園年月日	

幼稚園幼児指導要録

保育所児童保育要録

幼保連携型認定こども園園児指導要録

記入上のルール

　要録は、就学先・進学先へ送付する正式な記録文書です。明確で簡潔な文章を心がけましょう。要録の作成と提出は、法令で定められた義務ですので、その目的や記載する内容を保護者にも説明する必要があります。個々の記載内容については原則として、保護者に開示しない旨も伝えておきましょう。

●常用漢字、現代かなづかいで

　固有名詞（氏名や地名など）以外は、常用漢字を使用し、現代かなづかいで書きます。手書きの場合、楷書でていねいに書きます。

　文中に出てくる数字は、原則的に算用数字を使います。

●修正液（テープ）は使わない

　書き間違えた場合は、修正液（テープ）などは使わずに、二重線を引いて消し、訂正者の認印を押します。記載事項が変更になった場合は、二重線を引いて消しますが、間違いではないので認印は必要ありません。

●パソコンで作成する場合

　パソコンで作成する場合、プリントアウトに押印されたものが"原本"となります。したがって、ハードディスクやCD-ROMなどに保存してあるだけの「データ」は、原本にはなりません（ただし、電子署名及び認証業務に関する法律に基づく「電子署名」を行う場合はこの限りではない）。

●インクは黒か青

　手書きの場合、黒か青のペンやボールペンを使用します。インクは耐水性のもので、消せるボールペンは使えません。

　園名などはスタンプでもかまいませんが、スタンプインクは20年耐久性のあるものにします。

第2章 新要録の様式と記入上の注意点

保管上の注意点

要録には、個人情報が多く含まれるため、管理には十分な注意が必要です。厳重に保存できる場所で、所定の期間、しっかり保管しておくようにします。

● "原本"は、園で保管

園長・施設長の印を押したものが"原本"となります。"原本"の保管は、園で行います。

●保管場所

望ましいのは耐火金庫ですが、少なくとも日光による退色が起こらない場所で、鍵のかかる書類棚に保管します。

●保存期間

所定の保存期間を確認しておきます。

▼幼稚園幼児指導要録、
認定こども園園児指導要録の場合
園児が卒園、また転園／退園したあと、
・「学籍に関する記録」は 20 年間
・「指導に関する記録」「最終学年の指導に関する記録」は 5 年間

▼保育所児童保育要録の場合
児童が小学校を卒業するまで

●保管上の注意

個人情報であるので、責任者をしっかり決めて管理します。閲覧する必要のあるときは、責任者の許可を得て鍵を開けてもらいます。書きかけの状態のものも、第三者の目に触れることのないよう配慮が必要です。

●保存期間終了後

保存期間経過後は、すみやかに完全廃棄します。

個人情報ゆえの注意

入園前の説明会などで、保護者に対し「指導（保育）要録」の趣旨を説明し、個人情報の記載について理解を得ておくとよいでしょう。パソコンを使用する場合も、データの流出が起こらないよう万全の対策を施し、データの持ち出しは禁止とします。要録に書かれる内容は原則非開示ですが、開示請求のあった場合を考慮して、客観的な事実に基づく記載を心がけます。

幼稚園幼児指導要録

保育所児童保育要録

幼保連携型認定こども園園児指導要録

35

幼稚園幼児指導要録の様式例と記入の仕方

学籍に関する記録

「学籍に関する記録」は、その幼児が確かに在籍したことを外部に証明する公式の書類です。したがって、一定のルールにのっとって記入する必要があります。原則として、入園・進級時および異動の生じたときに記入します。

A 学級・整理番号

B 幼児の氏名・生年月日・性別・現住所

C 保護者の氏名・現住所

D 入園、転園などの期日

E 入園前の状況

F 進学先等

G 幼稚園名及び所在地

H 年度及び入園（転入園）・進級時の幼児の年齢

I 園長氏名 印・学級担任者氏名 印

幼稚園幼児指導要録（学籍に関する記録）

区分 \ 年度	平成　年度	平成　年度	平成　年度	平成　年度
学　級				
整理番号				

幼児	ふりがな 氏　名		性　別
	平成　　年　　月　　日 生		
	現住所		

保護者	ふりがな 氏　名	
	現住所	

入　園	平成　年　月　日	入園前の状況	
転入園	平成　年　月　日		
転・退園	平成　年　月　日	進学先等	
修　了	平成　年　月　日		

幼稚園名及び所在地	

年度及び入園（転入園）・進級時の幼児の年齢	平成　年度 歳　か月	平成　年度 歳　か月	平成　年度 歳　か月	平成　年度 歳　か月
園　長 氏　名　印				
学級担任者 氏　名　印				

＊文部科学省からの通知に掲載されている様式の参考例を使用して説明しています。

第2章 新要録の様式と記入上の注意点

Ⓐ 学級・整理番号

● 満3歳児クラスから在籍した場合、左から順に書き入れていきます。2年保育の場合は、左の欄は空けて、右に寄せて書いていきます。

● 整理番号には、特に決まりはありません。途中で転園した場合は、そのまま欠番にしておきます。

区分 ＼ 年度	平成　年度	平成　年度	平成 29 年度	平成 30 年度
学　級			さくら	ほ　し
整理番号			9	12

Ⓑ 幼児の氏名・生年月日・性別・現住所

● 現住所には現在生活している所を、都道府県名から、マンション名なども略さずに記入します。

● 変更の場合に備えて、欄の下を空けておきます。変更があった場合、二重線で消し、下に新しい住所を書き入れます。この場合は、間違いではないので、認印は不要です。

幼児	ふりがな氏 名	さ とう　　ゆうま佐藤　悠真		性別	男
		平成 24 年 11 月 24 日生			
	現住所	~~東京都文京区旭が丘1－2~~東京都文京区夕日が丘3－4 泉マンション403号室			

Ⓒ 保護者の氏名・現住所

● 幼児の親権者の氏名を書きます。通常、両親のどちらかですが、親権者がいない場合は、後見人の氏名を書き、その後ろに「（後見人）」と記入します。

● 親権者の元を離れ祖父母の所から通っているという場合でも、この現住所欄には親権者の住所を記入します。

保護者	ふりがな氏 名	さ とう　　しんいち佐藤　真一
	現住所	幼児の欄に同じ

幼稚園幼児指導要録

保育所児童保育要録

幼保連携型認定こども園園児指導要録

37

D 入園、転園などの期日

● 入園：公立は、市区町村の教育委員会が通知した日（原則4月1日）、国立と私立は、園が定めた入園の日を記入します。

● 転入園：他の園から転入してきた日を記入。公立は、市区町村の教育委員会が通知した日、その他の園では園が定めた日を書きます。

● 転・退園：他の園へ転園した日を記入。公立は、転園先の園が転入を許可した日の前日を記入。その他の園では園が定めた日を書きます。

● 修了：公立は、市区町村の教育委員会が定めた日（原則3月31日）、国立と私立は、園が定めた修了の日を記入します。

E 入園前の状況

● 入園前の、集団保育経験の有無について記入します。経験がある場合（海外も含む）、その施設の名称、所在地、その理由を、経験がない場合は、「特記事項なし」と記入。

▼ 保育所から転入園してきた場合

入園前の状況	両親が共働きになり、1歳4か月からのぞみ保育所（神奈川県茅ヶ崎市浅間町3−2）に入所。転居に伴い、3歳2か月で入園。

▼ 他の幼稚園・こども園から転入園してきた場合

入園前の状況	私立ひかり幼稚園（東京都八王子市光洋台1−1）に2歳4か月で入園。祖母との同居に伴い、4歳1か月で転入園。

F 進学先等

● 進学する小学校の名称、所在地を記入します。

● 他の幼稚園・こども園へ転園する場合、その施設の名称、所在地、その理由を記入。
（保育所へ入所する場合は、退園になる。同じく、施設の名称、所在地、その理由を記入。）

▼ 小学校へ就学する場合

進学先等	文京区立月見野小学校 東京都文京区月見野1−2

▼ 他の幼稚園・こども園へ転園する場合

進学先等	父親の転勤のため、茨城県水戸市立ふじみ幼稚園（茨城県水戸市富士見3−4）に転園。

第2章 新要録の様式と記入上の注意点

G 幼稚園名及び所在地

● 公立の場合は都道府県名から省略せずに記入。私立の場合は学校法人名なども省略せずに正式名称を記入します。

● 所在地も省略せずに都道府県名から記入します。ゴム印等を使用してもかまいません。

● 住所等の変更に備えて、下を空けておきます。

幼 稚 園 名 及び所在地	学校法人村野学園　月見野幼稚園 東京都文京区月見野3－4

H 年度及び入園（転入園）・進級時の幼児の年齢

● 各年度と、4月1日時点での幼児の年齢を月数まで記入します。満3歳児の場合は、その幼児が入園したときの年齢と月数を記入します。

▼平成27年9月に
満3歳児保育に入園した幼児
（平成24年7月10日生まれ）の場合

年度及び入園(転入園) ・進級時の幼児の年齢	平成 27 年度 3 歳 1 か月	平成 28 年度 3 歳 8 か月	平成 歳

I 園長氏名 印・学級担任者氏名 印

● 各年度の始め（または幼児の転入出時）に、園長名・学級担任者名を、変更に備えて上部に記入します。

● 副担任の場合は、氏名を列挙し、「（副担任）」とただし書きをします。産休などで臨時職員が担当した場合は、その氏名と担当期間を書きます。

● 年度末（または幼児の転園時）に園長・担任だった者が、押印します。

▼園長や担任が年度内に変更になった場合

園　　　長 氏 名 印	坂田勝子 (4.1-8.31) 吉田美津雄 (9.1-3.31) 吉田	吉田美津雄 吉田
学級担任者 氏 名 印	松川はるな 松川	武田順子 (4.1-6.5、10.5-3.31) 武田 (産・補) 小谷由貴 (6.6-10.4)

変更があった場合、後任者名を記入し、（　　）にその担当期間を書きます。

▼副担任を置いている場合

学級担任者 氏 名 印	秋山望 秋山 鈴木昌子 鈴木 (副担任)	

幼稚園幼児指導要録

保育所児童保育要録

幼保連携型認定こども園園児指導要録

39

指導に関する記録

「指導に関する記録」は、幼児の育ちを次の担任、または進学先の教師に引き継ぐ書類です。これまでの関わりで配慮した点のほか、幼児の発達の過程を捉え、向上した点や指導を続けていくべき点などについてわかりやすく記入します。

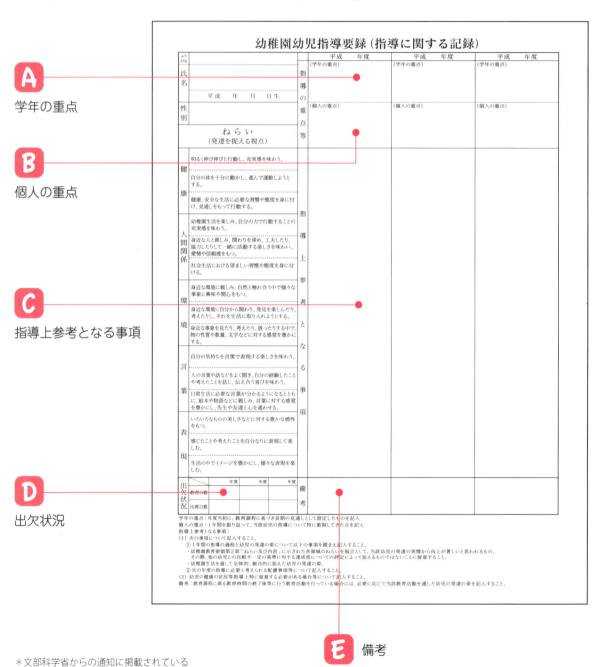

- A 学年の重点
- B 個人の重点
- C 指導上参考となる事項
- D 出欠状況
- E 備考

＊文部科学省からの通知に掲載されている様式の参考例を使用して説明しています。

第2章 新要録の様式と記入上の注意点

A 学年の重点

●年度当初に設定した学年共通の指導の重点を記入します。これは園の教育課程に基づき、学年担当の教師全員で話し合って決定されるものです。

●「学年の重点」は、日々の保育のなかで教師が常に意識する事項になります。

B 個人の重点

●１年間を振り返って、その幼児の指導において特に重視してきた点を記入します。

●それぞれの発達や個性の違いを捉えて書くため、一人ひとり異なった内容になります。日常の保育記録を活用し、その幼児の特徴や発達の姿に基づいて書きます。

C 指導上参考となる事項

●これまでの指導過程を振り返り、その幼児の具体的な興味・関心、遊びや生活の傾向を書きます。他の幼児と比較することなく、個性を受け止めながら、伸びた部分や引き続き援助が必要な部分について記入することが大切です。

●５領域のねらい（発達を捉える視点）や指導の重点を踏まえながら、１年間の指導の過程と幼児の発達の姿について具体的に記入します。

●幼児の年度当初の姿から、教師がどのような援助をしてきたか、その結果著しく向上したと思われる点について、具体的に書きます。

●その他、健康状態や家庭の状況等、特に配慮が必要な事項があれば記入します。

D 出欠状況

●教育日数：１年間に教育した日数を記入。夏休み中の登園日など教育課程に位置づけられている日は含まれますが、自由参加の行事やプール遊びなどは含まれません。満３歳児での入園や転入園の場合は入園日からの教育日数、転・退園した場合は退園までの教育日数を記入します。

●出席日数：１年間に出席した総日数を記入。早退・遅刻も出席として扱います。出席日数０の場合は空欄とせず「０」と記入します。

E 備考

●欠席理由の主なもの（出席停止、忌引き、長期入院等）とその日数、その他出欠に関する事項を記入します。

●「教育課程に係る教育時間の終了後等に行う教育活動」を行っている場合は、必要に応じてそこでの発達の姿について書きます。

幼稚園幼児指導要録

保育所児童保育要録

幼保連携型認定こども園園児指導要録

最終学年の指導に関する記録

「最終学年の指導に関する記録」は、幼児の育ちを進学先の小学校の教師に引き継ぐことをひとつの目的として新設されました。幼児の育った点、引き続き指導が必要な点など、小学校での指導に役立つよう、内容を検討して記述することが大切です。

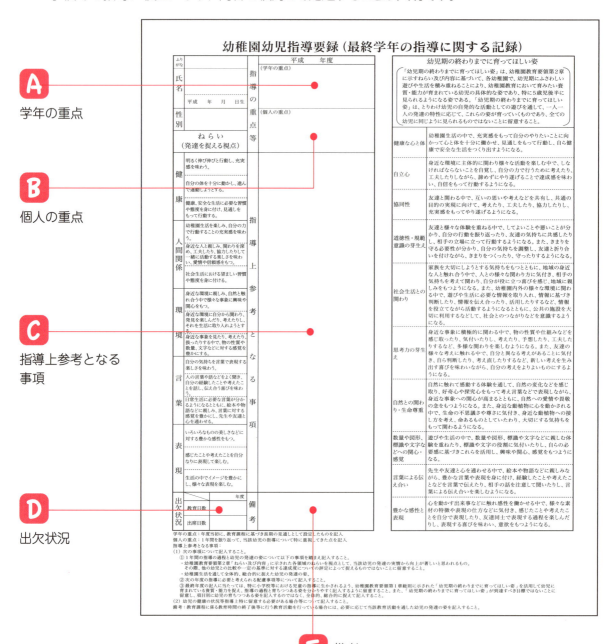

*文部科学省からの通知に掲載されている様式の参考例を使用して説明しています。

第2章 新要録の様式と記入上の注意点

A 学年の重点

- 「指導に関する記録」（41ページ）と同。

B 個人の重点

- 「指導に関する記録」（41ページ）と同。

C 指導上参考となる事項

- 用紙の3枚目として「最終学年の指導に関する記録」が追加されました。小学校へのスムーズな接続を念頭に置いて記入するものです。新たに加わった「幼児期の終わりまでに育ってほしい姿」（10の姿）を活用し、就学前の時点で幼児に育まれている資質・能力を捉え、指導の過程と育ちつつある姿を記入します。ここでは項目別に書くのではなく、教育課程における育ちを総合的にみて記述することが重要になります。

- これまでの指導過程を振り返り、その幼児の具体的な興味・関心、遊びや生活の傾向を書きます。他の幼児と比較することなく、それぞれの伸びた部分や引き続き援助が必要な部分について記入することが大切です。

- 問題点を指摘するのではなく、幼児の姿を肯定的に捉えて書くようにします。

- 5領域のねらい（発達を捉える視点）や指導の重点を踏まえながら、1年間の指導の過程と幼児の発達の姿について具体的に記入します。

- 幼児の年度当初の姿から、教師がどのような援助をしてきたか、そしてその結果著しく向上したと思われる点について、具体的に書きます。

- その他、健康状態や家庭の状況等、特に配慮が必要な事項があれば記入します。

D 出欠状況

- 「指導に関する記録」（41ページ）と同。

E 備考

- 「指導に関する記録」（41ページ）と同。

幼稚園幼児指導要録

保育所児童保育要録

幼保連携型認定こども園園児指導要録

保育所児童保育要録の様式例と記入の仕方

入所に関する記録

「入所に関する記録」は、幼稚園幼児指導要録の「学籍に関する記録」に倣って新設された書式です。その児童が在籍する最終年度の始めおよび異動の生じたときに記入することになります。

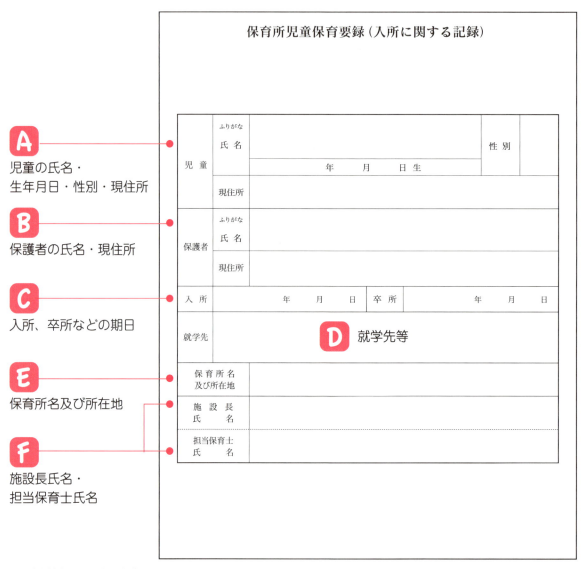

*厚生労働省からの通知に掲載されている様式の参考例を使用して説明しています。

第2章 新要録の様式と記入上の注意点

Ⓐ 児童の氏名・生年月日・性別・現住所

● 現住所には現在生活している所を、都道府県名から、マンション名なども略さずに記入します。

● 変更の場合に備えて、欄の下を空けておきます。変更があった場合、二重線で消し、下に新しい住所を書き入れます。この場合は、間違いではないので、認印は不要です。

児童	ふりがな 氏 名	あ べ しょうた 阿部 翔太	性 別	男
		平成24 年 7 月 11 日 生		
	現住所	東京都目黒区東目黒2－3 東京都板橋区双葉町12－1 双葉第1マンション201号室		

Ⓑ 保護者の氏名・現住所

● 児童の親権者の氏名を書きます。通常、両親のどちらかですが、親権者がいない場合は、後見人の氏名を書き、その後ろに「(後見人)」と記入します。

● 親権者の元を離れ祖父母の所から通っているという場合でも、この現住所欄には親権者の住所を記入します。

保護者	ふりがな 氏 名	あ べ たつや 阿部 辰哉
	現住所	児童の欄に同じ

Ⓒ 入所、卒所などの期日

● 入所：市区町村が通知した入所年月日を記入します。

● 卒所：保育所で定めた卒所予定日を記入します。

入 所	平成25年 4 月 1 日	卒 所	平成31年 3 月 31 日

幼稚園幼児指導要録

保育所児童保育要録

幼保連携型認定こども園園児指導要録

D 就学先等

●就学する小学校の名称、所在地を記入します。

●他の保育所へ転所する場合、その施設の名称、所在地、その理由を記入。
（他の幼稚園・こども園へ転園する場合は、退所になる。同じく、施設の名称、所在地、その理由を記入。）

▼小学校へ就学する場合

就学先	練馬区立北小学校 東京都練馬区北栄町1－1

▼他の保育所へ転所する場合

就学先	父親の転勤のため、千葉県美山市立みどり保育所 （千葉県美山市緑ヶ丘3－4）に転所。

E 保育所名及び所在地

●公立の場合は都道府県名から省略せずに記入。私立の場合は社会福祉法人名なども省略せずに正式名称を記入します。

●所在地も省略せずに都道府県名から記入します。ゴム印等を使用してもかまいません。

●住所等の変更に備えて、下を空けておきます。

保育所名 及び所在地	社会福祉法人藤波会　藤ノ木保育園 東京都杉並区花月町3－4

F 施設長氏名・担当保育士氏名

●児童が在籍する最終年度の始め（または児童の転入出時）に、施設長名・担当保育士名を、変更に備えて上部に記入します。変更があった場合、後任者名を記入し、（　　）にその担当期間を書きます。

施 設 長 氏 　 名	松井優子 (4.1-8.31) 島田宏光 (9.1-3.31)
担当保育士 氏 　 名	宮野涼子 (4.1-6.5、10.5-3.31) （産・補）佐々木大介 (6.6-10.4)

第2章 新要録の様式と記入上の注意点

保育に関する記録

「保育に関する記録」は、様式の改訂に伴い、保育所と小学校が児童に関する情報を共有し、育ちを支えることを目的として再編されました。養護及び教育が一体的に行われるという保育所保育の特性を踏まえながら、子どもの発達の過程を捉え、向上した点や援助を続けていくべき点、特別な配慮を要する点などについてわかりやすく記入します。

保育の過程と子どもの育ちに関する事項

A 最終年度の重点

B 個人の重点

C 保育の展開と子どもの育ち

D

最終年度に至るまでの育ちに関する事項

保育所児童保育要録（保育に関する記録）

本資料は、就学に際して保育所と小学校（義務教育学校の前期課程及び特別支援学校の小学部を含む。）が子どもに関する情報を共有し、子どもの育ちを支えるための資料である。

ふりがな		保育の過程と子どもの育ちに関する事項	最終年度に至るまでの育ちに関する事項
氏名		（最終年度の重点）	
生年月日	年　月　日		
性別		（個人の重点）	

	ねらい（発達を捉える視点）		
健康	明るく伸び伸びと行動し、充実感を味わう。	（保育の展開と子どもの育ち）	
	自分の体を十分に動かし、進んで運動しようとする。		
	健康、安全な生活に必要な習慣や態度を身に付け、見通しをもって行動する。		
人間関係	保育所の生活を楽しみ、自分の力で行動することの充実感を味わう。		
	身近な人と親しみ、関わりを深め、工夫したり、協力したりして一緒に活動する楽しさを味わい、愛情や信頼感をもつ。		
	社会生活における望ましい習慣や態度を身に付ける。		
環境	身近な環境に親しみ、自然と触れ合う中で様々な事象に興味や関心をもつ。		
	身近な環境に自分から関わり、発見を楽しんだり、考えたりし、それを生活に取り入れようとする。		
	身近な事象を見たり、考えたり、扱ったりする中で、物の性質や数量、文字などに対する感覚を豊かにする。		
言葉	自分の気持ちを言葉で表現する楽しさを味わう。		
	人の言葉や話などをよく聞き、自分の経験したことや考えたことを話し、伝え合う喜びを味わう。		
	日常生活に必要な言葉が分かるようになるとともに、絵本や物語などに親しみ、言葉に対する感覚を豊かにし、保育士等や友達と心を通わせる。		
表現	いろいろなものの美しさなどに対する豊かな感性をもつ。		
	感じたことや考えたことを自分なりに表現して楽しむ。	（特に配慮すべき事項）	
	生活の中でイメージを豊かにし、様々な表現を楽しむ。		

幼児期の終わりまでに育ってほしい姿

※各項目の内容等については、別紙に示す「幼児期の終わりまでに育ってほしい姿について」を参照すること。

- 健康な心と体
- 自立心
- 協同性
- 道徳性・規範意識の芽生え
- 社会生活との関わり
- 思考力の芽生え
- 自然との関わり・生命尊重
- 数量や図形、標識や文字などへの関心・感覚
- 言葉による伝え合い
- 豊かな感性と表現

保育所における保育は、養護及び教育を一体的に行うことをその特性とするものであり、保育所における保育全体を通じて、養護に関するねらい及び内容を踏まえた保育が展開されることを念頭に置き、次の各事項を記入すること。
○保育の過程と子どもの育ちに関する事項
＊最終年度の重点：年度当初に、全体的な計画に基づき長期の見通しとして設定したものを記入すること。
＊個人の重点：1年間を振り返って、子どもの指導について重視してきた点を記入すること。
＊保育の展開と子どもの育ち：最終年度の1年間の保育における指導の過程と子どもの発達の姿（保育所保育指針第2章「保育の内容」に示された各領域のねらいを視点として、子どもの発達の実情から向上が著しいと思われるもの）を、保育所の生活を通して全体的、総合的に捉えて記入すること。その際、他の子どもとの比較や一定の基準に対する達成度についての評価によって捉えるものではないことに留意すること。あわせて、就学後の指導に必要と考えられる配慮事項等について記入すること。別紙を参照し、「幼児期の終わりまでに育ってほしい姿」を活用して子どもに育まれている資質・能力を捉え、指導の過程と育ちつつある姿をわかりやすく記入するように留意すること。
＊特に配慮すべき事項：子どもの健康の状況等、就学後の指導において配慮が必要なこととして、特記すべき事項がある場合に記入すること。
○最終年度に至るまでの育ちに関する事項
子どもの入所時から最終年度に至るまでの育ちに関し、最終年度における保育の過程と子どもの育ちの姿を理解する上で、特に重要と考えられることを記入すること。

＊厚生労働省からの通知に掲載されている様式の参考例を使用して説明しています。

幼稚園幼児指導要録

保育所児童保育要録

幼保連携型認定こども園園児指導要録

47

A 最終年度の重点

- 在籍年月の保育過程を振り返り、就学に向けて特に重視してきた項目を記入します。これは、「全体的な計画」に基づき、長期の見通しとして設定した項目です。年度当初にその年齢を担当する保育士全員で話し合って立案した年間指導計画に沿って決めるものです。

- この「重点項目」は、日々の保育のなかで保育士が常に意識する事項になります。

B 個人の重点

- 1年間を振り返って、その子どもとの関わりにおいて特に重視してきた点を記入します。

- それぞれの発達や個性の違いを捉えて書くため、一人ひとり異なった内容になります。日常の保育記録を活用し、その子どもの特徴や発達の姿に基づいて書きます。

C 保育の展開と子どもの育ち

- 小学校へのスムーズな接続を念頭に置き、最終年度の1年間における指導の過程と、子どもの発達の姿について具体的に記入します。5領域のねらい（発達を捉える視点）や最終年度の重点を踏まえて書きます。

- 養護及び教育を一体的に行うという保育所保育の特性を踏まえ、これまで「子どもの育ちに関わる事項」「養護（生命の保持及び情緒の安定）に関わる事項」と分けて記入していた内容を、最終年度の育ちとして総合的に捉えて記入します。

- これまでの保育過程を振り返り、その子どもの具体的な興味・関心、遊びや生活の傾向を書きます。他の子どもと比較することなく、個性を受け止めながら、伸びた部分や引き続き援助が必要な部分について記入することが大切です。

- 子どもの年度当初の姿から、保育士がどのような援助をしてきたか、その結果著しく向上したと思われる点について、保育所の生活を通して全体的、総合的に捉えて書きます。

- 就学後の指導に必要と考えられる配慮事項についても記入します。

- これまで「養護」欄内の「子どもの健康状態等」の欄に記入していた健康に関する留意事項、その他家庭の状況などは、下の「特に配慮すべき事項」の欄に書きます。

第2章 新要録の様式と記入上の注意点

＜　別　紙　＞
幼児期の終わりまでに育ってほしい姿について

●新たに別紙として加わった「幼児期の終わりまでに育ってほしい姿について」（10の姿）を活用し、就学前の時点で子どもに育まれている資質・能力を捉え、指導の過程と育ちつつある姿を記入します。

●「10の姿」は、到達すべき目標ではなく、あくまでも育ちの目安です。ここでは項目別に書くのではなく、子どもの育ちを総合的に捉えて記述することが重要になります。

幼児期の終わりまでに育ってほしい姿について

保育所保育指針第1章「総則」に示された「幼児期の終わりまでに育ってほしい姿」は、保育所保育指針第2章「保育の内容」に示されたねらい及び内容に基づいて、各保育所で、乳幼児期にふさわしい生活や遊びを積み重ねることにより、保育所保育において育みたい資質・能力が育まれている子どもの具体的な姿であり、特に小学校就学の始期に達する直前の年度の後半に見られるようになる姿である。「幼児期の終わりまでに育ってほしい姿」は、とりわけ子どもの自発的な活動としての遊びを通して、一人一人の発達の特性に応じて、これらの姿が育っていくものであり、全ての子どもに同じように見られるものではないことに留意すること。

健康な心と体	保育所の生活の中で、充実感をもって自分のやりたいことに向かって心と体を十分に働かせ、見通しをもって行動し、自ら健康で安全な生活をつくり出すようになる。
自立心	身近な環境に主体的に関わり様々な活動を楽しむ中で、しなければならないことを自覚し、自分の力で行うために考えたり、工夫したりしながら、諦めずにやり遂げることで達成感を味わい、自信をもって行動するようになる。
協同性	友達と関わる中で、互いの思いや考えなどを共有し、共通の目的の実現に向けて、考えたり、工夫したり、協力したりし、充実感をもってやり遂げるようになる。
道徳性・規範意識の芽生え	友達と様々な体験を重ねる中で、してよいことや悪いことが分かり、自分の行動を振り返ったり、友達の気持ちに共感したりし、相手の立場に立って行動するようになる。また、きまりを守る必要性が分かり、自分の気持ちを調整し、友達と折り合いを付けながら、きまりをつくったり、守ったりするようになる。
社会生活との関わり	家族を大切にしようとする気持ちをもつとともに、地域の身近な人と触れ合う中で、人との様々な関わり方に気付き、相手の気持ちを考えて関わり、自分が役に立つ喜びを感じ、地域に親しみをもつようになる。また、保育所内外の様々な環境に関わる中で、遊びや生活に必要な情報を取り入れ、情報に基づき判断したり、情報を伝え合ったり、活用したりするなど、情報を役立てながら活動するようになるとともに、公共の施設を大切に利用するなどして、社会とのつながりなどを意識するようになる。
思考力の芽生え	身近な事象に積極的に関わる中で、物の性質や仕組みなどを感じ取ったり、気付いたり、考えたり、予想したり、工夫したりするなど、多様な関わりを楽しむようになる。また、友達の様々な考えに触れる中で、自分と異なる考えがあることに気付き、自ら判断したり、考え直したりするなど、新しい考えを生み出す喜びを味わいながら、自分の考えをよりよいものにするようになる。
自然との関わり・生命尊重	自然に触れて感動する体験を通して、自然の変化などを感じ取り、好奇心や探究心をもって考え言葉などで表現しながら、身近な事象への関心が高まるとともに、自然への愛情や畏敬の念をもつようになる。また、身近な動植物に心を動かされる中で、生命の不思議さや尊さに気付き、身近な動植物への接し方を考え、命あるものとしていたわり、大切にする気持ちをもって関わるようになる。
数量や図形、標識や文字などへの関心・感覚	遊びや生活の中で、数量や図形、標識や文字などに親しむ体験を重ねたり、標識や文字の役割に気付いたりし、自らの必要感に基づきこれらを活用し、興味や関心、感覚をもつようになる。
言葉による伝え合い	保育士等や友達と心を通わせる中で、絵本や物語などに親しみながら、豊かな言葉や表現を身に付け、経験したことや考えたことなどを言葉で伝えたり、相手の話を注意して聞いたりし、言葉による伝え合いを楽しむようになる。
豊かな感性と表現	心を動かす出来事などに触れ感性を働かせる中で、様々な素材の特徴や表現の仕方などに気付き、感じたことや考えたことを自分で表現したり、友達同士で表現する過程を楽しんだりし、表現する喜びを味わい、意欲をもつようになる。

保育所児童保育要録（保育に関する記録）の記入に当たっては、特に小学校における子どもの指導に生かされるよう、「幼児期の終わりまでに育ってほしい姿」を活用して子どもに育まれている資質・能力を捉え、指導の過程と育ちつつある姿をわかりやすく記入するように留意すること。
また、「幼児期の終わりまでに育ってほしい姿」が到達すべき目標ではないことに留意し、項目別に子どもの育ちつつある姿を記入するのではなく、全体的、総合的に捉えて記入すること。

Ⓓ 最終年度に至るまでの育ちに関する事項

●最終年度における保育の過程と子どもの育ちの姿を理解するうえで、特に重要と思われる点を記入します。

●入所時から最終年度に至るまでの保育所での生活を通して、その子どもに育まれてきた能力や著しく伸びた点について振り返り、その子どもの育ちを就学先の教師に伝えるうえで重要と思われることを書きます。

幼稚園幼児指導要録

保育所児童保育要録

幼保連携型認定こども園園児指導要録

49

幼保連携型認定こども園園児指導要録の様式例と記入の仕方

学籍等に関する記録

「学籍等に関する記録」は、その園児が確かに在籍したことを外部に証明する公式の書類です。一定のルールにのっとって記入する必要があり、原則として入園・進級時および異動の生じたときに記入します。

＊3府省からの通知に掲載されている様式の参考例を使用して説明しています。

第2章 新要録の様式と記入上の注意点

A 学級・整理番号

●満3歳児クラスから在籍した場合、左から順に書き入れていきます。2年保育の場合は、左の欄は空けて、右に寄せて書いていきます。

●整理番号には、特に決まりはありません。途中で転園した場合は、そのまま欠番にしておきます。

区分 ＼ 年度	平成 　年度	平成 　年度	平成29年度	平成30年度
学　級			も　も	ゆ　り
整理番号			2	3

B 園児の氏名・生年月日・性別・現住所

●現住所には現在生活している所を、都道府県名から、マンション名なども略さずに記入します。

●変更の場合に備えて、欄の下を空けておきます。変更があった場合、二重線で消し、下に新しい住所を書き入れます。この場合は、間違いではないので、認印は不要です。

園児	ふりがな 氏名	た　なか　もえ 田中　萌	性別	女
		平成 26 年 9 月 10 日 生		
	現住所	~~東京都新宿区三宮町12－4~~ 東京都八王子市山下町1－13 山下レジデンス301号室		

C 保護者の氏名・現住所

●園児の親権者の氏名を書きます。通常、両親のどちらかですが、親権者がいない場合は、後見人の氏名を書き、その後ろに「（後見人）」と記入します。

●親権者の元を離れ、祖父母の所から通っているという場合でも、この現住所欄には親権者の住所を記入します。

保護者	ふりがな 氏名	た　なか　みゆき 田中　美由紀
	現住所	園児の欄に同じ

幼稚園幼児指導要録

保育所児童保育要録

幼保連携型
認定こども園園児指導要録

D 入園、転園などの期日

●入園：公立は、市区町村の教育委員会が通知した日（原則4月1日）、私立は、園が定めた入園の日を記入します。

●転入園：他の園から転入してきた日を記入。公立は、市区町村の教育委員会が通知した日、その他の園では園が定めた日を書きます。

●転・退園：他の園へ転園した日を記入。公立は、転園先の園が転入を許可した日の前日を記入。その他の園では園が定めた日を書きます。

●修了：公立は、市区町村の教育委員会が定めた日（原則3月31日）、私立は、園が定めた修了の日を記入します。

E 入園前の状況

●入園前の、集団保育経験の有無について記入します。経験がある場合（海外も含む）、その施設の名称、所在地、その理由を、経験がない場合は、「特記事項なし」と記入。

▼保育所から転入園してきた場合

入園前の状況	両親が共働きになり、2歳1か月からエルム保育所（東京都千代田区向川町5－6）に入所。転居に伴い、3歳5か月で入園。

▼他の幼稚園・こども園から転入園してきた場合

入園前の状況	私立こうま幼稚園（神奈川県白馬市清里6－6）に1歳2か月で入園。転居に伴い、4歳1か月で転入園。

F 進学・就学先等

●進学・就学する小学校の名称、所在地を記入します。

●他の幼稚園・こども園へ転園する場合、その施設の名称、所在地、その理由を記入。（保育所へ入所する場合は、退園になる。同じく、施設の名称、所在地、その理由を記入。）

▼小学校へ就学する場合

進学・就学先等	世田谷区新井第二小学校 東京都世田谷区新井1－3

▼他の幼稚園へ転園する場合

進学・就学先等	転居のため、栃木県佐野市立さくら幼稚園（栃木県佐野市堀内3－4）に転園。

第2章 新要録の様式と記入上の注意点

G 園名及び所在地

●公立の場合は都道府県名から省略せずに記入。私立の場合は学校法人名なども省略せずに正式名称を記入します。

●所在地も省略せずに都道府県名から記入します。ゴム印等を使用してもかまいません。

●住所等の変更に備えて、下を空けておきます。

園　名 及び所在地	学校法人清田学園　白戸幼稚園 東京都渋谷区坂上町2－2

H 園長氏名 印・担当者 印・学級担任者氏名 印

●各年度の始め（または園児の転入出時）に、園長名・担当者または学級担任者名を、変更に備えて上部に記入します。変更があった場合、後任者名を記入し、（　　）にその担当期間を書きます。

●副担任の場合は、氏名を列挙し、「（副担任）」とただし書きをします。産休などで臨時職員が担当した場合は、その氏名と担当期間を書きます。

●年度末（または園児の転園時）に園長・担任だった者が、押印します。

▼園長や担任が年度内に変更になった場合

園　　長 氏　名　印	河合文子 (4.1-8.31) 山田実 (9.1-3.31) 山田	山田実 山田
学級担任者 氏　名　印	木下幸恵 木下	田中聡子 (4.1-6.5、10.5-3.31) 田中 (産・補)児玉歩 (6.6-10.4)

変更があった場合、後任者名を記入し、（　　）にその担当期間を書きます。

▼副担任を置いている場合

学級担任者 氏　名　印	斉藤博子 斉藤 山川夏美 山川 （副担任）	

I 年度及び入園（転入園）・進級時等の園児の年齢

●各年度と、4月1日時点での園児の年齢を月数まで記入します。満3歳児の場合は、その園児が入園したときの年齢と月数を記入します。

▼平成27年9月に
満3歳児保育に入園した幼児
（平成24年6月10日生まれ）の場合

年度及び入園(転入園) ・進級時等の園児の年齢	平成 27年度 3 歳 2 か月	平成 28年度 3 歳 9 か月	平成 　歳

幼稚園幼児指導要録

保育所児童保育要録

幼保連携型認定こども園園児指導要録

53

指導等に関する記録

「指導等に関する記録」は、園児の育ちを次の担任、または進学・就学先の教師に引き継ぐ書類です。これまでの関わりで配慮したところを伝えるほか、園児の発達の過程を捉え、向上した点や援助を続けていくべき点などについて記入します。

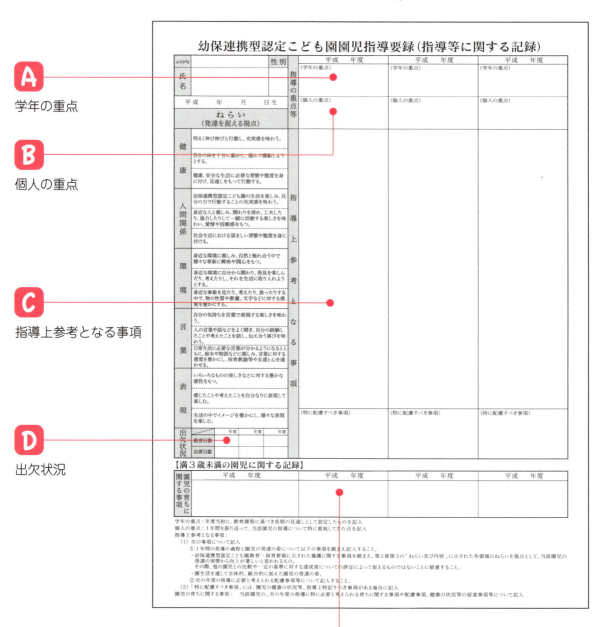

A 学年の重点

B 個人の重点

C 指導上参考となる事項

D 出欠状況

E 満3歳未満の園児に関する記録

＊3府省からの通知に掲載されている
様式の参考例を使用して説明しています。

第2章 新要録の様式と記入上の注意点

A 学年の重点

●年度当初に設定した学年共通の指導の重点を記入します。教育課程に基づき、学年担当の保育教諭全員で決定されるもので、保育教諭が常に意識する事項になります。

B 個人の重点

●1年間を振り返って、その園児の指導において特に重視してきた点を記入します。日常の保育記録を活用し、その園児の発達や個性を捉えて書きます。

C 指導上参考となる事項

●これまでの指導の過程を振り返り、その園児の具体的な興味・関心、遊びや生活の傾向を書きます。他の園児と比較することなく、個性を受け止めながら、伸びた部分や引き続き援助が必要な部分について記入することが大切です。

●5領域のねらい（発達を捉える視点）や指導の重点等を踏まえ、1年間の園児の発達の姿について具体的に記入します。

●園児の年度当初の姿から、保育教諭がどのような援助をしてきたか、その結果著しく向上したと思われる点を具体的に書きます。

●これまで「養護」の欄に記入していた「生命の保持及び情緒の安定」に関する記述は、この欄に書きます。

●これまで「園児の健康状態等」の欄に記入していた健康に関する留意事項は、「特に配慮すべき事項」欄に書きます。

D 出欠状況

●教育日数：1年間に教育した日数を記入。夏休み中の登園日など教育課程に位置づけられている日は含まれますが、自由参加の行事やプール遊びなどは含まれません。満3歳児での入園や転入園の場合は入園日からの教育日数、転・退園した場合は退園までの教育日数を記入します。

●出席日数：1年間に出席した総日数を記入。早退・遅刻も出席として扱います。出席日数0の場合は空欄とせず「0」と記入します。

E 満3歳未満の園児に関する記録

●新設された「満3歳未満の園児に関する記録」欄には、満3歳未満の園児について、特に次年度に引き継ぐ必要があると考えられる育ちに関する配慮事項、健康状況に関する留意事項等を書きます。

●0歳児は、月齢によって年度をまたいで在籍することがあるため、欄が4つ設けられています。左から0.0歳児、0歳児、1歳児、2歳児となり、該当しない年度は空けて記入していきます。

幼稚園幼児指導要録

保育所児童保育要録

幼保連携型認定こども園園児指導要録

最終学年の指導に関する記録

「最終学年の指導に関する記録」は、園児の育ちを進学・就学先の小学校の教師に引き継ぐことをひとつの目的として新設されました。園児の育った点、引き続き指導が必要な点など、小学校での指導に役立つよう、内容を検討して記述することが大切です。

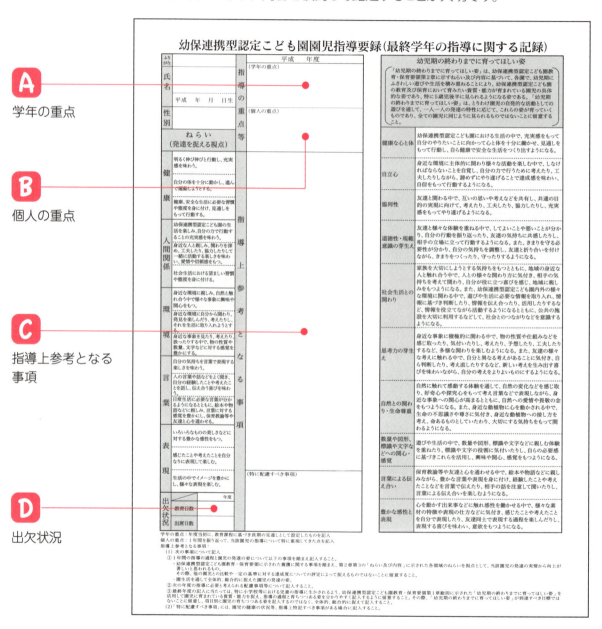

A 学年の重点

B 個人の重点

C 指導上参考となる事項

D 出欠状況

＊3府省からの通知に掲載されている
様式の参考例を使用して説明しています。

第2章 新要録の様式と記入上の注意点

A 学年の重点

- 「指導等に関する記録」（55ページ）と同。

B 個人の重点

- 「指導等に関する記録」（55ページ）と同。

C 指導上参考となる事項

- 用紙の3枚目として追加された「最終学年の指導に関する記録」は、小学校へのスムーズな接続を念頭に置いて記入するものです。新たに加わった「幼児期の終わりまでに育ってほしい姿」（10の姿）を活用し、就学前の時点で園児に育まれている資質・能力を捉え、指導の過程と育ちつつある姿を記入します。ここでは項目別に書くのではなく、教育課程における育ちを総合的にみて記述することが重要になります。

- これまでの指導の過程を振り返り、その園児の具体的な興味・関心、遊びや生活の傾向を書きます。他の園児と比較することなく、それぞれの伸びた部分や引き続き援助が必要な部分について記入することが大切です。

- 5領域のねらい（発達を捉える視点）や指導の重点等を踏まえながら、1年間の指導の過程と園児の発達の姿について具体的に記入します。

- 園児の年度当初の姿から、保育教諭がどのような援助をしてきたか、そしてその結果著しく向上したと思われる点について、具体的に書きます。

- これまで「養護」の欄に記入していた「生命の保持及び情緒の安定」に関する記述は、この欄に書きます。

- これまで「園児の健康状態等」の欄に記入していた健康に関する留意事項は、下の「特に配慮すべき事項」の欄に書きます。

D 出欠状況

- 「指導等に関する記録」（55ページ）と同。

幼稚園幼児指導要録

保育所児童保育要録

幼保連携型認定こども園園児指導要録

第3章
資料編

- 幼稚園及び特別支援学校幼稚部における
指導要録の改善について（通知）……… 60

- 保育所保育指針の適用に際しての
留意事項について …… 67

- 幼保連携型認定こども園園児指導要録の改善及び
認定こども園こども要録の作成等に関する
留意事項等について（通知）…… 73

幼稚園及び特別支援学校幼稚部における
指導要録の改善について（通知）

29文科初第1814号
平成30年3月30日

各都道府県教育委員会教育長
各　都　道　府　県　知　事
附属幼稚園、小学校及び特別支援学校　　殿
を置く各国立大学法人学長

文部科学省初等中等教育局長

髙　橋　道　和　　　（印影印刷）

幼稚園及び特別支援学校幼稚部における指導要録の改善について（通知）

　幼稚園及び特別支援学校幼稚部（以下「幼稚園等」という。）における指導要録は、幼児の学籍並びに指導の過程及びその結果の要約を記録し、その後の指導及び外部に対する証明等に役立たせるための原簿となるものです。

　今般の幼稚園教育要領及び特別支援学校幼稚部教育要領の改訂に伴い、文部科学省では、各幼稚園等において幼児理解に基づいた評価が適切に行われるとともに、地域に根ざした主体的かつ積極的な教育の展開の観点から、各設置者等において指導要録の様式が創意工夫の下決定され、また、各幼稚園等により指導要録が作成されるよう、指導要録に記載する事項や様式の参考例についてとりまとめましたのでお知らせします。

　つきましては、下記に示す幼稚園等における評価の基本的な考え方及び指導要録の改善の要旨等並びに別紙1及び2、別添資料1及び2（様式の参考例）に関して十分御了知の上、都道府県教育委員会におかれては所管の学校及び域内の市町村教育委員会に対し、都道府県知事におかれては所轄の学校に対し、各国立大学法人学長におかれてはその管下の学校に対して、この通知の趣旨を十分周知されるようお願いします。

　また、幼稚園等と小学校、義務教育学校の前期課程及び特別支援学校の小学部（以下「小学校等」という。）との緊密な連携を図る観点から、小学校等においてもこの通知の趣旨の理解が図られるようお願いします。

　なお、この通知により、平成21年1月28日付け20文科初第1137号「幼稚園幼児指導要録の改善について（通知）」、平成21年3月9日付け20文科初第1315号「特別支援学校幼稚部幼児指導要録の改善について（通知）」は廃止します。

記

1　幼稚園等における評価の基本的な考え方
　　幼児一人一人の発達の理解に基づいた評価の実施に当たっては、次の事項に配慮すること。
　(1)　指導の過程を振り返りながら幼児の理解を進め、幼児一人一人のよさや可能性などを把握し、指導の改善に生かすようにすること。その際、他の幼児との比較や一定の基準に対する達成度についての評定によっ

て捉えるものではないことに留意すること。

(2) 評価の妥当性や信頼性が高められるよう創意工夫を行い、組織的かつ計画的な取組を推進するとともに、次年度又は小学校等にその内容が適切に引き継がれるようにすること。

2　指導要録の改善の要旨

「指導上参考となる事項」について、これまでの記入の考え方を引き継ぐとともに、最終学年の記入に当たっては、特に小学校等における児童の指導に生かされるよう、「幼児期の終わりまでに育ってほしい姿」を活用して幼児に育まれている資質・能力を捉え、指導の過程と育ちつつある姿を分かりやすく記入することに留意するよう追記したこと。このことを踏まえ、様式の参考例を見直したこと。

3　実施時期

この通知を踏まえた指導要録の作成は、平成 30 年度から実施すること。なお、平成 30 年度に新たに入園、入学（転入園、転入学含む。）、進級する幼児のために指導要録の様式を用意している場合には様式についてはこの限りではないこと。

この通知を踏まえた指導要録を作成する場合、既に在園、在学している幼児の指導要録については、従前の指導要録に記載された事項を転記する必要はなく、この通知を踏まえて作成された指導要録と併せて保存すること。

4　取扱い上の注意

(1) 指導要録の作成、送付及び保存については、学校教育法施行規則（昭和 22 年文部省令第 11 号）第 24 条及び第 28 条の規定によること。なお、同施行規則第 24 条第 2 項により小学校等の進学先に指導要録の抄本又は写しを送付しなければならないことに留意すること。

(2) 指導要録の記載事項に基づいて外部への証明等を作成する場合には、その目的に応じて必要な事項だけを記載するよう注意すること。

(3) 配偶者からの暴力の被害者と同居する幼児については、転園した幼児の指導要録の記述を通じて転園先、転学先の名称や所在地等の情報が配偶者（加害者）に伝わることが懸念される場合がある。このような特別の事情がある場合には、平成 21 年 7 月 13 日付け 21 生参学第 7 号「配偶者からの暴力の被害者の子どもの就学について（通知）」を参考に、関係機関等との連携を図りながら、適切に情報を取り扱うこと。

(4) 評価の妥当性や信頼性を高めるとともに、教師の負担感の軽減を図るため、情報の適切な管理を図りつつ、情報通信技術の活用により指導要録等に係る事務の改善を検討することも重要であること。なお、法令に基づく文書である指導要録について、書面の作成、保存、送付を情報通信技術を活用して行うことは、現行の制度上も可能であること。

(5) 別添資料 1 及び 2（様式の参考例）の用紙や文字の大きさ等については、各設置者等の判断で適宜工夫できること。

5　幼稚園型認定こども園における取扱い上の注意

　　幼稚園型認定こども園においては、「幼保連携型認定こども園園児指導要録の改善及び認定こども園こども要録の作成等に関する留意事項等について（通知）」（平成30年3月30日付け府子本第315号・29初幼教第17号・子保発0330第3号）を踏まえ、認定こども園こども要録の作成を行うこと。なお、幼稚園幼児指導要録を作成することも可能であること。

【担　当】

（幼稚園幼児指導要録について）

文部科学省初等中等教育局幼児教育課

〒100-8959 東京都千代田区霞が関3－2－2

　　TEL　　（03）5253-4111（内線2376）

　　FAX　　（03）6734-3736

　　E-mail　youji-shidou@mext.go.jp

（特別支援学校幼稚部幼児指導要録について）

文部科学省初等中等教育局特別支援教育課

〒100-8959 東京都千代田区霞が関3－2－2

　　TEL　　（03）5253-4111（内線2003）

　　FAX　　（03）6734-3737

　　E-mail　toku-sidou@mext.go.jp

別紙1

幼稚園幼児指導要録に記載する事項

○　**学籍に関する記録**

　　学籍に関する記録は、外部に対する証明等の原簿としての性格をもつものとし、原則として、入園時及び異動の生じたときに記入すること。

1　幼児の氏名、性別、生年月日及び現住所

2　保護者（親権者）氏名及び現住所

3　学籍の記録
(1)　入園年月日
(2)　転入園年月日

　　　他の幼稚園や特別支援学校幼稚部、保育所、幼保連携型認定こども園等から転入園してきた幼児について記入する。

第3章 資料編

(3) 転・退園年月日

　　他の幼稚園や特別支援学校幼稚部、保育所、幼保連携型認定こども園等へ転園する幼児や退園する幼児について記入する。

(4) 修了年月日

4　入園前の状況

　　保育所等での集団生活の経験の有無等を記入すること。

5　進学先等

　　進学した小学校等や転園した幼稚園、保育所等の名称及び所在地等を記入すること。

6　園名及び所在地

7　各年度の入園（転入園）・進級時の幼児の年齢、園長の氏名及び学級担任の氏名

　　各年度に、園長の氏名、学級担任者の氏名を記入し、それぞれ押印する。（同一年度内に園長又は学級担任者が代わった場合には、その都度後任者の氏名を併記する。）

　　なお、氏名の記入及び押印については、電子署名（電子署名及び認証業務に関する法律（平成12年法律第102号）第2条第1項に定義する「電子署名」をいう。）を行うことで替えることも可能である。

○　**指導に関する記録**

　　指導に関する記録は、1年間の指導の過程とその結果を要約し、次の年度の適切な指導に資するための資料としての性格をもつものとすること。

1　指導の重点等

　　当該年度における指導の過程について次の視点から記入すること。

(1) 学年の重点

　　年度当初に、教育課程に基づき長期の見通しとして設定したものを記入すること。

(2) 個人の重点

　　1年間を振り返って、当該幼児の指導について特に重視してきた点を記入すること。

2　指導上参考となる事項

(1) 次の事項について記入すること。

　① 1年間の指導の過程と幼児の発達の姿について以下の事項を踏まえ記入すること。

　　・ 幼稚園教育要領第2章「ねらい及び内容」に示された各領域のねらいを視点として、当該幼児の発達の実情から向上が著しいと思われるもの。その際、他の幼児との比較や一定の基準に対する達成度についての評定によって捉えるものではないことに留意すること。

63

- 幼稚園生活を通して全体的、総合的に捉えた幼児の発達の姿。
② 次の年度の指導に必要と考えられる配慮事項等について記入すること。
③ 最終年度の記入に当たっては、特に小学校等における児童の指導に生かされるよう、幼稚園教育要領第1章総則に示された「幼児期の終わりまでに育ってほしい姿」を活用して幼児に育まれている資質・能力を捉え、指導の過程と育ちつつある姿を分かりやすく記入するように留意すること。その際、「幼児期の終わりまでに育ってほしい姿」が到達すべき目標ではないことに留意し、項目別に幼児の育ちつつある姿を記入するのではなく、全体的、総合的に捉えて記入すること。
(2) 幼児の健康の状況等指導上特に留意する必要がある場合等について記入すること。

3　出欠の状況
(1) 教育日数
　　1年間に教育した総日数を記入すること。この教育日数は、原則として、幼稚園教育要領に基づき編成した教育課程の実施日数と同日数であり、同一年齢の全ての幼児について同日数であること。ただし、転入園等をした幼児については、転入園等をした日以降の教育日数を記入し、転園又は退園をした幼児については、転園のため当該施設を去った日又は退園をした日までの教育日数を記入すること。
(2) 出席日数
　　教育日数のうち当該幼児が出席した日数を記入すること。

4　備考
　　教育課程に係る教育時間の終了後等に行う教育活動を行っている場合には、必要に応じて当該教育活動を通した幼児の発達の姿を記入すること。

別紙2

特別支援学校幼稚部幼児指導要録に記載する事項

○　**学籍に関する記録**
　　学籍に関する記録は、外部に対する証明等の原簿としての性格をもつものとし、原則として、入学時及び異動の生じたときに記入すること。

1　幼児の氏名、性別、生年月日及び現住所

2　保護者（親権者）氏名及び現住所

3　学籍の記録
(1) 入学年月日

(2) 転入学年月日

　　他の特別支援学校幼稚部や幼稚園、保育所、幼保連携型認定こども園等から転入学してきた幼児について記入する。

(3) 転・退学年月日

　　他の特別支援学校幼稚部や幼稚園、保育所、幼保連携型認定こども園等へ転学する幼児や退学する幼児について記入する。

(4) 修了年月日

4　入学前の状況

　　児童福祉施設等での集団生活の経験の有無等を記入すること。

5　進学先等

　　進学した学校や転学した学校等の名称及び所在地等を記入すること。

6　学校名及び所在地

7　各年度の入学（転入学）・進級時の幼児の年齢、校長の氏名及び学級担任の氏名

　　各年度に、校長の氏名、学級担任者の氏名を記入し、それぞれ押印する。（同一年度内に校長又は学級担任者が代わった場合には、その都度後任者の氏名を併記する。）

　　なお、氏名の記入及び押印については、電子署名（電子署名及び認証業務に関する法律（平成12年法律第102号）第2条第1項に定義する「電子署名」をいう。）を行うことで替えることも可能である。

○　**指導に関する記録**

　　指導に関する記録は、1年間の指導の過程とその結果を要約し、次の年度の適切な指導に資するための資料としての性格をもつものとすること。

1　指導の重点等

　　当該年度における指導の過程について次の視点から記入すること。

(1) 学年の重点

　　年度当初に、教育課程に基づき長期の見通しとして設定したものを記入すること。

(2) 個人の重点

　　1年間を振り返って、当該幼児の指導について特に重視してきた点を記入すること。

(3) 自立活動の内容に重点を置いた指導

　　自立活動の内容に重点を置いた指導を行った場合に、1年間を振り返って、当該幼児の指導のねらい、

指導内容等について特に重視してきた点を記入すること。

2　入学時の障害の状態等
　　入学又は転入学時の幼児の障害の状態等について記入すること。

3　指導上参考となる事項
　(1)　次の事項について記入すること。
　　①　１年間の指導の過程と幼児の発達の姿について以下の事項を踏まえ記入すること。
　　　・特別支援学校幼稚部教育要領第２章「ねらい及び内容」に示された各領域のねらいを視点として、当該幼児の発達の実情から向上が著しいと思われるもの。その際、他の幼児との比較や一定の基準に対する達成度についての評定によって捉えるものではないことに留意すること。
　　　・幼稚部における生活を通して全体的、総合的に捉えた幼児の発達の姿。
　　②　次の年度の指導に必要と考えられる配慮事項等について記入すること。
　　③　最終年度の記入に当たっては、特に小学校等における児童の指導に生かされるよう、特別支援学校幼稚部教育要領第１章総則に示された「幼児期の終わりまでに育ってほしい姿」を活用して幼児に育まれている資質・能力を捉え、指導の過程と育ちつつある姿を分かりやすく記入するように留意すること。その際、「幼児期の終わりまでに育ってほしい姿」が到達すべき目標ではないことに留意し、項目別に幼児の育ちつつある姿を記入するのではなく、全体的、総合的に捉えて記入すること。
　(2)　幼児の健康の状況等指導上特に留意する必要がある場合等について記入すること。

4　出欠の状況
　(1)　教育日数
　　　１年間に教育した総日数を記入すること。この教育日数は、原則として、特別支援学校幼稚部教育要領に基づき編成した教育課程の実施日数と同日数であり、同一年齢の全ての幼児について同日数であること。ただし、転入学等をした幼児については、転入学等をした日以降の教育日数を記入し、転学又は退学をした幼児については、転学のため学校を去った日又は退学をした日までの教育日数を記入すること。
　(2)　出席日数
　　　教育日数のうち当該幼児が出席した日数を記入すること。

5　備考
　　教育課程に係る教育時間の終了後等に行う教育活動を行っている場合には、必要に応じて当該教育活動を通した幼児の発達の姿を記入すること。

（別添資料１及び２「様式の参考例」は省略）

保育所保育指針の適用に際しての留意事項について

子保発 0330 第 2 号
平成 30 年 3 月 30 日

各都道府県民生主管部（局）長
各指定都市・中核市民生主管部（局）長　　殿

厚生労働省子ども家庭局保育課長
（　公　印　省　略　）

保育所保育指針の適用に際しての留意事項について

　平成 30 年 4 月 1 日より保育所保育指針（平成 29 年厚生労働省告示第 117 号。以下「保育所保育指針」という。）が適用されるが、その適用に際しての留意事項は、下記のとおりであるため、十分御了知の上、貴管内の市区町村、保育関係者等に対して遅滞なく周知し、その運用に遺漏のないよう御配慮願いたい。

　なお、本通知は、地方自治法（昭和 22 年法律第 67 号）第 245 条の 4 第 1 項の規定に基づく技術的助言である。

　また、本通知をもって、「保育所保育指針の施行に際しての留意事項について」（平成 20 年 3 月 28 日付け雇児保発第 0328001 号厚生労働省雇用均等・児童家庭局保育課長通知）を廃止する。

記

1．保育所保育指針の適用について

（1）保育所保育指針の保育現場等への周知について

　　平成 30 年 4 月 1 日より保育所保育指針が適用されるに当たり、その趣旨及び内容が、自治体の職員、保育所、家庭的保育事業者等及び認可外保育施設の保育関係者、指定保育士養成施設の関係者、子育て中の保護者等に十分理解され、保育現場における保育の実践、保育士養成課程の教授内容等に十分反映されるよう、改めて周知を図られたい。

　　なお、周知に当たっては、保育所保育指針の内容の解説、保育を行う上での留意点等を記載した「保育所保育指針解説」を厚生労働省のホームページに公開しているので、当該解説を活用されたい。

○　保育所保育指針解説

http://www.mhlw.go.jp/file/06-Seisakujouhou-11900000-Koyoukintoujidoukateikyoku/kaisetu.pdf

（2）保育所保育指針に関する指導監査について

　　「児童福祉行政指導監査の実施について」（平成 12 年 4 月 25 日付け児発第 471 号厚生省児童家庭局長
　　通知）に基づき、保育所保育指針に関する保育所の指導監査を実施する際には、以下①から③までの内容
　　に留意されたい。

　　①保育所保育指針において、具体的に義務や努力義務が課せられている事項を中心に実施すること。

　　②他の事項に関する指導監査とは異なり、保育の内容及び運営体制について、各保育所の創意工夫や取組
　　　を尊重しつつ、取組の結果のみではなく、取組の過程（※ 1）に着目して実施すること。

　　　　（※ 1．保育所保育指針第 1 章の 3（1）から（5）までに示す、全体的な計画の作成、指導計画の
　　　　　作成、指導計画の展開、保育の内容等の評価及び 評価を踏まえた計画の改善等）

　　③保育所保育指針の参考資料として取りまとめた「保育所保育指針解説」のみを 根拠とした指導等を行
　　　うことのないよう留意すること。

2．小学校との連携について

　　保育所においては、保育所保育指針に示すとおり、保育士等が、自らの保育実践の過程を振り返り、子ども
の心の育ち、意欲等について理解を深め、専門性の向上及び保育実践の改善に努めることが求められる。また、
その内容が小学校 (義務教育学校の前期課程及び特別支援学校の小学部を含む。以下同じ。) に適切に引き継
がれ、保育所保育において育まれた資質・能力を踏まえて小学校教育が円滑に行われるよう、保育所と小学校
との間で「幼児期の終わりまでに育ってほしい姿」を共有するなど、小学校との連携を図ることが重要である。

　　このような認識の下、保育所と小学校との連携を確保するという観点から、保育所から小学校に子どもの育
ちを支えるための資料として、従前より保育所児童保育要録が送付されるよう求めているが、保育所保育指針
第 2 章の 4（2）「小学校との連携」に示す内容を踏まえ、今般、保育所児童保育要録について、

　　・養護及び教育が一体的に行われるという保育所保育の特性を踏まえた記載事項
　　・「幼児期の終わりまでに育ってほしい姿」の活用、特別な配慮を要する子どもに関する記載内容等の取扱
　　　い上の注意事項

等について見直し（※ 2）を行った。見直し後の保育所児童保育要録の取扱い等については、以下（1）及び（2）
に示すとおりであるので留意されたい。

　　（※ 2．見直しの趣旨等については、別添 2「保育所児童保育要録の見直し等について（検討の整理 ）
　　（2018（平成 30）年 2 月 7 日保育所児童保育要録の見直し検討会）」参照）

（1）保育所児童保育要録の取扱いについて

　　ア　記載事項

　　　　保育所児童保育要録には、別添 1「保育所児童保育要録に記載する事項」に示す事項を記載すること。

　　　　なお、各市区町村においては、地域の実情等を踏まえ、別紙資料を参考として様式を作成し、管内の
　　　保育所に配布すること。

イ　実施時期

　　本通知を踏まえた保育所児童保育要録の作成は、平成 30 年度から実施すること。なお、平成 30 年度の保育所児童保育要録の様式を既に用意している場合には、必ずしも新たな様式により保育所児童保育要録を作成する必要はないこと。

ウ　取扱い上の注意

（ア）　保育所児童保育要録の作成、送付及び保存については、以下①から③までの取扱いに留意すること。また、各市区町村においては、保育所児童保育要録が小学校に送付されることについて市区町村教育委員会にあらかじめ周知を行うなど、市区町村教育委員会との連携を図ること。

①　保育所児童保育要録は、最終年度の子どもについて作成すること。作成に当たっては、施設長の責任の下、担当の保育士が記載すること。

②　子どもの就学に際して、作成した保育所児童保育要録の抄本又は写しを就学先の小学校の校長に送付すること。

③　保育所においては、作成した保育所児童保育要録の原本等について、その子どもが小学校を卒業するまでの間保存することが望ましいこと。

（イ）　保育所児童保育要録の作成に当たっては、保護者との信頼関係を基盤として、保護者の思いを踏まえつつ記載するとともに、その送付について、入所時や懇談会等を通して、保護者に周知しておくことが望ましいこと。その際には、個人情報保護及び情報開示の在り方に留意すること。

（ウ）　障害や発達上の課題があるなど特別な配慮を要する子どもについて「保育の過程と子どもの育ちに関する事項」及び「最終年度に至るまでの育ちに関する事項」を記載する際には、診断名及び障害の特性のみではなく、その子どもが育ってきた過程について、その子どもの抱える生活上の課題、人との関わりにおける困難等に応じて行われてきた保育における工夫及び配慮を考慮した上で記載すること。

　　なお、地域の身近な場所で一貫して効果的に支援する体制を構築する観点から、保育所、児童発達支援センター等の関係機関で行われてきた支援が就学以降も継続するように、保護者の意向及び個人情報の取扱いに留意しながら、必要に応じて、保育所における支援の情報を小学校と共有することが考えられること。

（エ）　配偶者からの暴力の被害者と同居する子どもについては、保育児童保育要録の記述を通じて就学先の小学校名や所在地等の情報が配偶者（加害者）に伝わることが懸念される場合がある。このような特別の事情がある場合には、「配偶者からの暴力の被害者の子どもの就学について（通知）」（平成 21 年 7 月 13 日付け 21 生参学第 7 号文部科学省生涯学習政策局男女共同参画学習課長・文部科学省初等中等教育局初等中等教育企画課長連名通知）を参考に、関係機関等との連携を図りながら、適切に情報を取り扱うこと。

（オ）保育士等の専門性の向上や負担感の軽減を図る観点から、情報の適切な管理を図りつつ、情報通信技術の活用により保育所児童保育要録に係る事務の改善を検討することも重要であること。なお、保育所児童保育要録について、情報通信技術を活用して書面の作成、送付及び保存を行うことは、現行の制度上も可能であること。

（カ）保育所児童保育要録は、児童の氏名、生年月日等の個人情報を含むものであるため、個人情報の保護に関する法律(平成15年法律第57号)等を踏まえて適切に個人情報を取り扱うこと。なお、個人情報の保護に関する法令上の取扱いは以下の①及び②のとおりである。

① 公立の保育所については、各市区町村が定める個人情報保護条例に準じた取扱いとすること。

② 私立の保育所については、個人情報の保護に関する法律第2条第5項に規定する個人情報取扱事業者に該当し、原則として個人情報を第三者に提供する際には本人の同意が必要となるが、保育所保育指針第2章の4（ウ）に基づいて保育所児童保育要録を送付する場合においては、同法第23条第1項第1号に掲げる法令に基づく場合に該当するため、第三者提供について本人（保護者）の同意は不要であること。

エ 保育所型認定こども園における取扱い

保育所型認定こども園においては、「幼保連携型認定こども園園児指導要録の改善及び認定こども園こども要録の作成等に関する留意事項等について（通知）」（平成30年3月30日付け府子本第315号・29初幼教第17号・子保発0330第3号内閣府子ども・子育て本部参事官（認定こども園担当）・文部科学省初等中等教育局幼児教育課長・厚生労働省子ども家庭局保育課長連名通知）を参考にして、各市区町村と相談しつつ、各設置者等の創意工夫の下、同通知に基づく認定こども園こども要録（以下「認定こども園こども要録」という。）を作成することも可能であること。その際、送付及び保存についても同通知に準じて取り扱うこと。また、認定こども園こども要録を作成した場合には、同一の子どもについて、保育所児童保育要録を作成する必要はないこと。

（2）保育所と小学校との間の連携の促進体制について

保育所と小学校との間の連携を一層促進するためには、地域における就学前後の子どもの育ち等について、地域の関係者が理解を共有することが重要であり、

・保育所、幼稚園、認定こども園、小学校等の関係者が参加する合同研修会、連絡協議会等を設置するなど、関係者の交流の機会を確保すること、

・保育所、幼稚園、認定こども園、小学校等の管理職が連携及び交流の意義及び重要性を理解し、組織として取組を進めること

等が有効と考えられるため、各自治体において、関係部局と連携し、これらの取組を積極的に支援・推進すること。

第3章 資料編

別添1

保育所児童保育要録に記載する事項
（別紙資料1「様式の参考例」を参照）

○　**入所に関する記録**

1　児童の氏名、性別、生年月日及び現住所

2　保護者の氏名及び現住所

3　児童の保育期間（入所及び卒所年月日）

4　児童の就学先（小学校名）

5　保育所名及び所在地

6　施設長及び担当保育士氏名

○　**保育に関する記録**

　　保育に関する記録は、保育所において作成した様々な記録の内容を踏まえて、最終年度（小学校就学の始期に達する直前の年度）の1年間における保育の過程と子どもの育ちを要約し、就学に際して保育所と小学校が子どもに関する情報を共有し、子どもの育ちを支えるための資料としての性格を持つものとすること。

　　また、保育所における保育は、養護及び教育を一体的に行うことをその特性とするものであり、保育所における保育全体を通じて、養護に関するねらい及び内容を踏まえた保育が展開されることを念頭に置き、記載すること。

1　保育の過程と子どもの育ちに関する事項

　　最終年度における保育の過程及び子どもの育ちについて、次の視点から記入すること。

　（1）最終年度の重点

　　　年度当初に、全体的な計画に基づき長期の見通しとして設定したものを記入すること。

　（2）個人の重点

　　　1年間を振り返って、子どもの指導について特に重視してきた点を記入すること。

　（3）保育の展開と子どもの育ち

　　　次の事項について記入すること。

　　①　最終年度の1年間の保育における指導の過程及び子どもの発達の姿について、以下の事項を踏まえ記入すること。

　　　・保育所保育指針第2章「保育の内容」に示された各領域のねらいを視点として、子どもの発達の実情から向上が著しいと思われるもの。その際、他の子どもとの比較や一定の基準に対する達成度についての評定によって捉えるものではないことに留意すること。

　　　・保育所の生活を通して全体的、総合的に捉えた子どもの発達の姿。

幼稚園幼児指導要録

保育所児童保育要録

幼保連携型
認定こども園園児指導要録

② 就学後の指導に必要と考えられる配慮事項等について記入すること。

③ 記入に当たっては、特に小学校における子どもの指導に生かされるよう、保育所保育指針第1章「総則」に示された「幼児期の終わりまでに育ってほしい姿」を活用して子どもに育まれている資質・能力を捉え、指導の過程と育ちつつある姿をわかりやすく記入するように留意すること。その際、別紙資料1に示す「幼児期の終わりまでに育ってほしい姿について」を参照するなどして、「幼児期の終わりまでに育ってほしい姿」の趣旨や内容を十分に理解するとともに、これらが到達すべき目標ではないことに留意し、項目別に子どもの育ちつつある姿を記入するのではなく、全体的かつ総合的に捉えて記入すること。

（4）特に配慮すべき事項

子どもの健康の状況等、就学後の指導における配慮が必要なこととして、特記すべき事項がある場合に記入すること。

2　最終年度に至るまでの育ちに関する事項

子どもの入所時から最終年度に至るまでの育ちに関して、最終年度における保育の過程と子どもの育ちの姿を理解する上で、特に重要と考えられることを記入すること。

（別紙資料1「様式の参考例」は省略）

幼保連携型認定こども園園児指導要録の改善及び
認定こども園こども要録の作成等に関する留意事項等について（通知）

府子本第３１５号
２９初幼教第１７号
子保発０３３０第３号
平成 30 年 3 月 30 日

各都道府県認定こども園担当部局
各都道府県私立学校主管部（局）
各都道府県教育委員会
各指定都市、中核市子ども・子育て支援新制度担当部局
各指定都市、中核市教育委員会
附属幼稚園、小学校及び特別支援学校を置く
　　　　　　各国公立大学法人

　の長殿

内閣府子ども・子育て本部参事官（認定こども園担当）
（　　　公　　　印　　　省　　　略　　　）
文部科学省初等中等教育局幼児教育課長
（　　　公　　　印　　　省　　　略　　　）
厚生労働省子ども家庭局保育課長
（　　　公　　　印　　　省　　　略　　　）

幼保連携型認定こども園園児指導要録の改善及び
認定こども園こども要録の作成等に関する留意事項等について（通知）

　幼保連携型認定こども園園児指導要録（以下「園児指導要録」という。）は、園児の学籍並びに指導の過程及びその結果の要約を記録し、その後の指導及び外部に対する証明等に役立たせるための原簿となるものです。

　今般の幼保連携型認定こども園教育・保育要領（平成 29 年内閣府・文部科学省・厚生労働省告示第１号）の改訂に伴い、各幼保連携型認定こども園において園児の理解に基づいた評価が適切に行われるとともに、地域に根ざした主体的かつ積極的な教育及び保育の展開の観点から、各設置者等において園児指導要録の様式が創意工夫の下決定され、また、各幼保連携型認定こども園により園児指導要録が作成されるよう、園児指導要録に記載する事項や様式の参考例についてとりまとめましたのでお知らせします。

　また、幼保連携型以外の認定こども園における、園児指導要録に相当する資料（以下「認定こども園こども要録」という。）の作成等に関しての留意事項も示しましたのでお知らせします。

　つきましては、下記に示す幼保連携型認定こども園における評価の基本的な考え方及び園児指導要録の改善の要旨等並びに別紙及び別添資料（様式の参考例）に関して十分御了知の上、管内・域内の関係部局並びに幼保連携型認定こども園及び幼保連携型認定こども園以外の認定こども園の関係者に対して、この通知の趣旨を十分周知されるようお願いします。

また、幼保連携型認定こども園等と小学校、義務教育学校の前期課程及び特別支援学校の小学部（以下「小学校等」という。）との緊密な連携を図る観点から、小学校等においてもこの通知の趣旨の理解が図られるようお願いします。

　なお、この通知により、「認定こども園こども要録について（通知）」（平成21年1月29日付け20初幼教第9号・雇児保発第0129001号文部科学省初等中等教育局幼児教育課長・厚生労働省雇用均等・児童家庭局保育課長連名通知）及び「幼保連携型認定こども園園児指導要録について（通知）」（平成27年1月27日付け府政共生第73号・26初幼教第29号・雇児保発0127第1号内閣府政策統括官（共生社会政策担当）付参事官（少子化対策担当）・文部科学省初等中等教育局幼児教育課長・厚生労働省雇用均等・児童家庭局保育課長連名通知）は廃止します。

　本通知は、地方自治法（昭和22年法律第67号）第245条の4第1項の規定に基づく技術的助言であることを申し添えます。

記

1　幼保連携型認定こども園における評価の基本的な考え方
　　園児一人一人の発達の理解に基づいた評価の実施に当たっては、次の事項に配慮すること。
（1）　指導の過程を振り返りながら園児の理解を進め、園児一人一人のよさや可能性などを把握し、指導の改善に生かすようにすること。その際、他の園児との比較や一定の基準に対する達成度についての評定によって捉えるものではないことに留意すること。
（2）　評価の妥当性や信頼性が高められるよう創意工夫を行い、組織的かつ計画的な取組を推進するとともに、次年度又は小学校等にその内容が適切に引き継がれるようにすること。

2　園児指導要録の改善の要旨
　　幼保連携型認定こども園における養護は教育及び保育を行う上での基盤となるものであるということを踏まえ、満3歳以上の園児に関する記録として、従前の「養護」に関わる事項は「指導上参考となる事項」に、また、「園児の健康状態等」については、「特に配慮すべき事項」に記入するように見直したこと。さらに、従前の「園児の育ちに関わる事項」については、満3歳未満の園児に関する記録として、各年度ごとに、「養護（園児の健康の状態等も含む）」に関する事項も含め、「園児の育ちに関する事項」に記入するように見直したこと。

　　最終学年の記入に当たっては、これまでの記入の考え方を引き継ぐとともに、特に小学校等における児童の指導に生かされるよう、「幼児期の終わりまでに育ってほしい姿」を活用して園児に育まれている資質・能力を捉え、指導の過程と育ちつつある姿を分かりやすく記入することに留意するよう追記したこと。

　　以上のことなどを踏まえ、様式の参考例を見直したこと。

3　実施時期

　　この通知を踏まえた園児指導要録の作成は、平成30年度から実施すること。なお、平成30年度に新たに入園（転入園含む。）、進級する園児のために園児指導要録の様式を用意している場合には様式についてはこの限りではないこと。

　　この通知を踏まえた園児指導要録を作成する場合、既に在園している園児の園児指導要録については、従前の園児指導要録に記載された事項を転記する必要はなく、この通知を踏まえて作成された園児指導要録と併せて保存すること。

4　取扱い上の注意

（1）　園児指導要録の作成、送付及び保存については、就学前の子どもに関する教育、保育等の総合的な提供の推進に関する法律施行規則（平成26年内閣府・文部科学省・厚生労働省令第2号。以下「認定こども園法施行規則」という。）第30条並びに認定こども園法施行規則第26条の規定により準用する学校教育法施行規則（昭和22年文部省令第11号）第28条第1項及び第2項前段の規定によること。なお、認定こども園法施行規則第30条第2項により小学校等の進学先に園児指導要録の抄本又は写しを送付しなければならないことに留意すること。

（2）　園児指導要録の記載事項に基づいて外部への証明等を作成する場合には、その目的に応じて必要な事項だけを記載するよう注意すること。

（3）　配偶者からの暴力の被害者と同居する園児については、転園した園児の園児指導要録の記述を通じて転園先の園名や所在地等の情報が配偶者（加害者）に伝わることが懸念される場合がある。このような特別の事情がある場合には、「配偶者からの暴力の被害者の子どもの就学について（通知）」（平成21年7月13日付け21生参学第7号文部科学省生涯学習政策局男女共同参画学習課長・文部科学省初等中等教育局初等中等教育企画課長連名通知）を参考に、関係機関等との連携を図りながら、適切に情報を取り扱うこと。

（4）　評価の妥当性や信頼性を高めるとともに，保育教諭等の負担感の軽減を図るため、情報の適切な管理を図りつつ、情報通信技術の活用により園児指導要録等に係る事務の改善を検討することも重要であること。なお、法令に基づく文書である園児指導要録について、書面の作成、保存、送付を情報通信技術を活用して行うことは、現行の制度上も可能であること。

（5）　別添資料（様式の参考例）の用紙や文字の大きさ等については、各設置者等の判断で適宜工夫できること。

（6）　個人情報については、「個人情報の保護に関する法律」（平成15年法律第57号）等を踏まえて適切に個人情報を取り扱うこと。なお、個人情報の保護に関する法令上の取扱いは以下の①及び②のとおりである。

①　公立の幼保連携型認定こども園については、各地方公共団体が定める個人情報保護条例に準じた取扱いとすること。

②　私立の幼保連携型認定こども園については、当該施設が個人情報の保護に関する法律第2条第5項に規定する個人情報取扱事業者に該当し、原則として個人情報を第三者に提供する際には本人の同意が必要となるが、認定こども園法施行規則第30条第2項及び第3項の規定に基づいて提供する場合においては、同法第23条第1項第1号に掲げる法令に基づく場合に該当するため、第三者提供について本人（保護者）の同意は不要であること。

5　幼保連携型認定こども園以外の認定こども園における認定こども園こども要録の作成等の留意事項

（1）　幼保連携型認定こども園以外の認定こども園（以下「認定こども園」という。）においては、本通知「1　幼保連携型認定こども園における評価の基本的な考え方」及び「2　園児指導要録の改善の要旨」を踏まえ、別紙及び別添資料を参考に、適宜「幼保連携型認定こども園園児指導要録」を「認定こども園こども要録」に読み替える等して、各設置者等の創意工夫の下、認定こども園こども要録を作成すること。なお、幼稚園型認定こども園以外の認定こども園において認定こども園こども要録を作成する場合には、保育所では各市区町村が保育所児童保育要録（「保育所保育指針の適用に際しての留意事項について」（平成30年3月30日付け子保発0330第2号厚生労働省子ども家庭局保育課長通知）に基づく保育所児童保育要録をいう。以下同じ。）の様式を作成することとされていることを踏まえ、各市区町村と相談しつつ、その様式を各設置者等において定めることが可能であること。

（2）　5（1）に関わらず、幼稚園型認定こども園においては「幼稚園及び特別支援学校幼稚部における幼児指導要録の改善等について（通知）」（平成30年3月30日付け29文科初第1814号文部科学省初等中等教育局長通知）に基づく幼稚園幼児指導要録を作成することが、また、保育所型認定こども園においては保育所児童保育要録を作成することが可能であること。その際、送付及び保存等についても、それぞれの通知に準じて取り扱うこと。

　　　また、認定こども園こども要録を作成した場合には、同一の子どもについて、幼稚園幼児指導要録又は保育所児童保育要録を作成する必要はないこと。

（3）　認定こども園こども要録は、学級を編制している満3歳以上の子どもについて作成すること。なお、これは、満3歳未満に関する記録を残すことを妨げるものではないこと。

（4）　子どもの進学・就学に際して、作成した認定こども園こども要録の抄本又は写しを進学・就学先の小学校等の校長に送付すること。

（5）　認定こども園においては、作成した認定こども園こども要録の原本等について、その子どもが小学校等を卒業するまでの間保存することが望ましいこと。ただし、学籍等に関する記録については、20年間保存することが望ましいこと。

（6）　「3　実施時期」並びに「4　取扱い上の注意」の（2）、（3）及び（4）について、認定こども園においても同様の取扱いであること。

（7）　個人情報については、個人情報の保護に関する法律等を踏まえて適切に個人情報を取り扱うこと。なお、個人情報の保護に関する法令上の取扱いは以下の①及び②のとおりである。

① 公立の認定こども園については、各地方公共団体が定める個人情報保護条例に準じた取扱いとすること。
② 私立の認定こども園については、当該施設が個人情報の保護に関する法律第2条第5項に規定する個人情報取扱事業者に該当し、原則として個人情報を第三者に提供する際には本人の同意が必要となるが、学校教育法施行規則第24条第2項及び第3項又は保育所保育指針第2章の4（2）ウの規定に基づいて提供する場合においては、同法第23条第1項第1号に掲げる法令に基づく場合に該当するため、第三者提供について本人（保護者）の同意は不要であること。

〔参考〕内閣府 子ども・子育て支援新制度ホームページ
http：//www8.cao.go.jp/shoushi/index.html
（内閣府ホーム＞子ども・子育て支援＞認定こども園）

本件担当：
内閣府子ども・子育て本部参事官（認定こども園担当）付
　TEL：03-5253-2111（代表）内線 38446
　FAX：03-3581-2808
文部科学省初等中等教育局幼児教育課
　TEL：03-5253-4111（代表）内線 2376
　FAX：03-6734-3736
厚生労働省子ども家庭局保育課
　TEL：03-5253-1111（代表）内線 4846
　FAX：03-3595-2674

別紙

幼保連携型認定こども園園児指導要録に記載する事項

○ **学籍等に関する記録**
　学籍等に関する記録は、外部に対する証明等の原簿としての性格をもつものとし、原則として、入園時及び異動の生じたときに記入すること。

1　園児の氏名、性別、生年月日及び現住所

2　保護者（親権者）氏名及び現住所

3 学籍等の記録

（1）入園年月日

（2）転入園年月日

　　　他の幼保連携型認定こども園、幼稚園、特別支援学校幼稚部、保育所等から転入園してきた園児について記入すること。

（3）転・退園年月日

　　　他の幼保連携型認定こども園、幼稚園、特別支援学校幼稚部、保育所等へ転園する園児や退園する園児について記入すること。

（4）修了年月日

4 入園前の状況

　　当該幼保連携型認定こども園に入園する前の集団生活の経験の有無等を記入すること。

5 進学・就学先等

　　当該幼保連携型認定こども園で修了した場合には進学・就学した小学校等について、また、当該幼保連携型認定こども園から他園等に転園した場合には転園した園等の名称及び所在地等を記入すること。

6 園名及び所在地

7 各年度の入園（転入園）・進級時等の園児の年齢、園長の氏名、担当・学級担任の氏名

　　各年度に、園長の氏名及び満３歳未満の園児については担当者の氏名、満３歳以上の園児については学級担任者の氏名を記入し、それぞれ押印すること。（同一年度内に園長、担当者又は学級担任者が代わった場合には、その都度後任者の氏名を併記、押印する。）

　　※満３歳以上の園児については、学級名、整理番号も記入すること。

　　なお、氏名の記入及び押印については、電子署名（電子署名及び認証業務に関する法律（平成 12 年法律第 102 号）第２条第１項に定義する「電子署名」をいう。）を行うことで替えることも可能である。

○ **指導等に関する記録**

　　指導等に関する記録は、１年間の指導の過程とその結果等を要約し、次の年度の適切な指導に資するための資料としての性格をもつものとすること。

【満３歳以上の園児に関する記録】

1 指導の重点等

　　当該年度における指導の過程について次の視点から記入すること。

① 学年の重点

　　　　年度当初に教育課程に基づき、長期の見通しとして設定したものを記入すること。

　　② 個人の重点

　　　　1年間を振り返って、当該園児の指導について特に重視してきた点を記入すること。

2　指導上参考となる事項

（1）次の事項について記入すること。

　　① 1年間の指導の過程と園児の発達の姿について以下の事項を踏まえ記入すること。

　　　・ 幼保連携型認定こども園教育・保育要領に示された養護に関する事項を踏まえ、第2章第3の「ねらい及び内容」に示された各領域のねらいを視点として、当該園児の発達の実情から向上が著しいと思われるもの。その際、他の園児との比較や一定の基準に対する達成度についての評定によって捉えるものではないことに留意すること。

　　　・ 園生活を通して全体的、総合的に捉えた園児の発達の姿。

　　② 次の年度の指導に必要と考えられる配慮事項等について記入すること。

　　③ 最終年度の記入に当たっては、特に小学校等における児童の指導に生かされるよう、幼保連携型認定こども園教育・保育要領第1章総則に示された「幼児期の終わりまでに育ってほしい姿」を活用して園児に育まれている資質・能力を捉え、指導の過程と育ちつつある姿を分かりやすく記入するように留意すること。その際、「幼児期の終わりまでに育ってほしい姿」が到達すべき目標ではないことに留意し、項目別に園児の育ちつつある姿を記入するのではなく、全体的かつ総合的に捉えて記入すること。

（2）「特に配慮すべき事項」には、園児の健康の状況等、指導上特記すべき事項がある場合に記入すること。

3　出欠状況

　　① 教育日数

　　　　1年間に教育した総日数を記入すること。この教育日数は、原則として、幼保連携型認定こども園教育・保育要領に基づき編成した教育課程の実施日数と同日数であり、同一学年の全ての園児について同日数であること。ただし、年度の途中で入園した園児については、入園した日以降の教育日数を記入し、退園した園児については、退園した日までの教育日数を記入すること。

　　② 出席日数

　　　　教育日数のうち当該園児が出席した日数を記入すること。

【満3歳未満の園児に関する記録】

4　園児の育ちに関する事項

　　　満3歳未満の園児の、次の年度の指導に特に必要と考えられる育ちに関する事項、配慮事項、健康の状況等の留意事項等について記入すること。

（別紙資料「様式の参考例」は省略）

| 監修者 | **無藤 隆**（むとう・たかし）
白梅学園大学大学院 特任教授

東京大学教育学部教育心理学科卒業。聖心女子大学文学部講師、お茶の水女子大学生活科学部教授、白梅学園短期大学学長、白梅学園大学教授を経て、現職。教育学の中でも、保育関連や心理学系統が専門。文部科学省中央教育審議会教育課程部会幼児教育部会主査、内閣府幼保連携型認定こども園教育・保育要領の改訂に関する検討会座長等を歴任。著書多数。

| 編著者 | **大方美香**（おおがた・みか）
大阪総合保育大学大学院 教授

聖和大学教育学部卒業後、曽根幼稚園に勤務する。聖和大学教育学研究科幼児教育学専攻にて教育学修士・博士を取得。自宅を開放した地域の子育てサロン、城南学園子ども総合保育センターを立ち上げる。大阪城南女子短期大学教授を経て、現職。現在、大阪総合保育大学学長も務める。文部科学省中央教育審議会教育課程部会幼児教育部会委員、厚生労働省社会保障審議会児童部会保育専門委員会委員。著書多数。

表紙カバー・本文イラスト●北村友紀
表紙カバー・本文デザイン●竹内玲子
取材・文●小林洋子（有限会社遊文社）
本文組版●株式会社群企画
本文校正●有限会社くすのき舎
編集担当●石山哲郎

平成30年度実施 **ここが変わった！**
指導要録・保育要録 早わかりガイド
幼稚園幼児指導要録・保育所児童保育要録・幼保連携型認定こども園園児指導要録

2018年9月15日　初版第1刷発行
2018年9月30日　　第2刷発行

監修者●無藤 隆
編著者●大方美香　© TAKASHI MUTO, MIKA OOGATA 2018
発行人●村野芳雄
編集人●西岡育子
発行所●株式会社チャイルド本社
　　　　〒112-8512　東京都文京区小石川5丁目24番21号
　　　　電話 03-3813-2141（営業）　03-3813-9445（編集）
　　　　振替 00100-4-38410
印刷・製本●図書印刷株式会社

ISBN978-4-8054-0275-7　C2037
NDC376　80P　26×21cm

チャイルド本社
ホームページアドレス
http://www.childbook.co.jp/
チャイルドブックや保育図書の情報が
盛りだくさん。どうぞご利用ください。

●本書の内容の一部あるいは全部を無断で複写複製することは、法律で認められた場合を除き、著作権及び出版社の権利の侵害となりますので、その場合は予め小社あて許諾を求めてください。乱丁・落丁はお取り替えいたします。